3

ベンチャービジネス研究

ベンチャービジネスを取り巻く環境把握
―価値創造・政策支援・事業計画・地域金融―

追手門学院大学ベンチャービジネス研究所［編］

池田 信寛／栃尾 安伸／稲葉 哲
葉山 幹恭／山下 克之／井上 秀一
小牧 義昭／水野 浩児［著］

追手門学院大学出版会

発刊の辞

２０１７年にアメリカトランプ大統領が就任、世界経済全体がどのようになるか注目され、また日本経済においても、衆議院選挙など安倍政権の動向において注目すべきイベントがありました。そのような中、２０１７年12月にアメリカ法人税の大幅な引下げが決定し、それにつられるように日本の法人税実効税率20％水準までの引下げ方針など、企業の成長に対する施策が積極的に打ち出されました。中小企業に対する税制については、従前より雇用拡大や積極的な設備投資については優遇されていましたが、２０１７年は中小企業等経営強化法の認定を受けた経営力向上計画を行ったうえで設備投資を行った中小企業には減価償却面での優遇措置を行うなど、中小企業に対する税制優遇は年々拡大する方向にあります。創業支援税制優遇においても、ベンチャー企業への投資を促進するためにベンチャー企業へ投資を行った個人投資家に対して税制上の優遇措置を行う制度として「エンジェル税制」などがあります。創業に対する政府の支援体制は様々な手法で行われています。

そもそも長期政権となった安倍政権のアベノミクスの取組の根幹には、技術力の高い企業や将来性のあるベンチャー企業の創業及び承継を促す動きがあります。日本再興戦略において当初より、「産業の新陳代謝とベンチャーの加速化」が、成長戦略の柱の一つとして掲げられており、「新陳代謝を促進し、収益性・生産性の高い分野に投資や雇用をシフトさせていくためには、既存の企業に変革を迫るだけでは不十分であり、ベンチャー企業が次々と生まれ、成長分野を牽引していく環境を整えられるかどうかが非常に重要」と明記されています。

身近なところでは、本業での収益力はあるものの、本業以外での過去の債務負担が大きく、莫大な債務保証をしている経営者の事業承継が困難なケースを想定して「経営者保証に関するガイドライン」が推奨されています。これは、日本の中小企業の持てる力を維持することが重要であることを政府が推奨していると考えられます。

このような様々な施策が打ち出される中、大企業を中心に収益状況は大幅に改善され、日経平均株価も高水準を維持するなど、経済が好循環しつつあります。しかしながら、個人の所得水準は大幅な変化はないままであり、中小企業の景気回復は本格的なものにはなっておらず、北朝鮮問題や本格的な人口減少社会への突入による景気低迷など、先行きに不透明感が高まっています。

このような不安な時代において、我々教育機関は、イノベーションの創出やチャレンジ精神にあふれる人材の創出に注力することが使命と考えています。

追手門学院大学ベンチャービジネス研究所では、ベンチャー企業経営に必要な知識について理論的に検証することと実証的な研究を行っています。またビジネスプランコンテストやグッズプランコンテストは毎年拡大傾向にあり、その成果は着実に積み上げられています。学部生や大学院生に対して起業精神の育成を行うことは、日本経済の発展に寄与することができると考え、地道な活動を行っています。

また、高等教育機関である大学の研究所の役割として、教育を行うこと以外に、研究者が取組んでいる研究や知見を広く社会に広めることが重要であると考えています。本書は、将来の起業家を生み出すために設定された講義内容をベースに、実学でも役立つことを意識して、各教員の研究成果をまとめたものです。本書でまとめられたことが、企業経営者や創業を考えている方に少しでも役立つことができることを願っています。

2019年4月に追手門学院は新キャンパスを設立し、地域における存在感はますます大きなものになっていく必要があると考えています。これからも、地域経済の発展を念頭に入れ、研究成果を社会に発信することに注力するとともに、本学の建学の理念である「独立自彊・社会有為」に適う人材育成を行ってまいります。

2018年3月

追手門学院大学
ベンチャービジネス研究所所長

水野 浩児

はじめに

追手門学院大学ベンチャービジネス研究所では、各分野の研究者が研究員の立場で、ベンチャー企業に役立つ知識や情報を学術的視点を交え、本学において講義を行っています。地域経済が成長・発展を果たしていくためには、新たな価値を生み出すベンチャー企業を成長させるイノベーションが必要と考えています。その成果を、講義だけで終わらせず、少しでも多くの方に知っていただくことを目的として、平成27年度に、ベンチャービジネス研究の成果を取りまとめた『ベンチャービジネス研究』、平成28年度にはベンチャービジネス研究をさらに深めた『ベンチャービジネス研究第2巻』を発刊しました。平成29年度は『ベンチャービジネス研究第3巻』としてベンチャービジネスを取り巻く環境を理論と実証的側面から考察し、この一冊にまとめました。ベンチャービジネスを考える方々にとって、ヒントになる内容が必ずあると思います。なお、研究者だけでなく、地域を代表する金融機関の役員の方にも、本学において金融実務の実態について講義をしていただき、その内容を踏まえて執筆いただきました。

1．池田教授は『茶道に見る「価値共創」の可能性』と題して、一見、マーケティングとは無縁と思われる日本の伝統文化の一つである茶道を題材にしている点が斬新です。茶会の「価値」を、主と客の双方が共同して創り出す観点から「価値共創」を分析し、マーケティングの基礎的な考え方を論じています。ベンチャービジネスにおける戦略を日本の伝統産業である茶道の考え方を利用して説明しています。また戦略やビジネスモデルについて具体的に紹介しています。

2．枋尾准教授は『ベンチャービジネスの重要性』と題して、起業することの意味を明確にしたうえで、ビジネスにおける戦略や、組織構造、差別化戦略について論じています。またベンチャービジネスにおいて必要なリーダーシップについても具体的に紹介しています。

3．稲葉専任講師は『ベンチャービジネスの重要性と政府等の支援策』と題して、日本経済の問題点を、少子高齢化や人口減少の問題さらには開廃業率の状況なども踏まえながら課題認識を行っています。そのうえで若者の起業状況などにふれ、ベンチャー支援環境について政府の施策を交えながら論じています。ベンチャー企業にとって有益な政府の支援策やコンテスト開催状況など具体的に解説しています。

4．葉山専任講師は『農業におけるベンチャーとは―農業の現状から考えるベンチャービジネスと企業家精神―』と題して、農業ベンチャーの展開とその背景について現状の問題点や課題を認識し、六次産業化をキーワードに農業の未来のイノベーションについて論じています。

5．山下教授は『従業員等に対して権利確定条件付き有償新株予約権を付与する取引に関する取扱い（案）について』と題して、ベンチャー企業が従業員のモチベーションを維持することに活用できるストックオプションなどについて企業会計の考え方を交えながら論じています。さらに新株付与によるインセンティブの考え方についてベンチャー経営者に役立つ観点から具体的に論じています。

6．井上専任講師は『ベンチャービジネスと事業計画―管理会計の活用―』と題して、事業計画（ビジネスプラン）は、事業の目的や目標を定め、それらを達成するための計画を示したものであることを明確に論じ、管理会計がベンチャービジネスの経営者に有益であることを示し、事業計画の作成方法についてポイントを論じています。また企業の事例を示しながら解説し、管理会計の重要性について具体的に紹介しています。

7．北おおさか信用金庫常務理事の小牧氏は、『信用金庫の存在意義』と題して、小牧氏自身の経験を紹介しながら、信用金庫のベンチャー企業支援における存在意義や役割を解説するとともに、具体的なベンチャー企業の支援体制について紹介しています。また、北おおさか信用金庫が地域企業をサポートするための取組について具体的な事例を交えながら論じています。

8．最後の章では、水野が『これからの地域金融機関のビジネスモデルにおける事業性評価の取組とベンチャービジネス』と題して、地域金融機関のビジネスモデルが変化していることを、金融行政の変貌などを交えながら論じています。また金融行政の変化の中で、金融機関の事業性評価への取組の重要性について、ローカルベンチマークの考え方を交えながら論じています。さらにベンチャー企業にとってＡＢＬ（動産・売掛金担保融資）は金融機関にとって効果的な事業性評価ツールであることを具体的に紹介しています。

以上の通り、現役の金融機関役員を含む8名のベンチャービジネスを研究しているメンバーが、多様な観点から、ベンチャー経営に直結する、実務に則した研究成果を公表できることに、喜びもひとしおです。

これからも、さらに産学連携を意識しつつベンチャービジネスの研究を深化させ、地域社会にも貢献できる活動を行いたいと考えていますので、引き続きご鞭撻賜りますようお願い申し上げます。

2018年3月

追手門学院大学
ベンチャービジネス研究所所長
経営学部教授　水野　浩児

目　次

1章

茶道に見る「価値共創」の可能性

追手門学院大学経営学部教授　池田 信寛

本章は、関係性マーケティングの主要概念である「価値共創」に、一般的なマーケティング研究とは異なる文脈から光を当てることで、その秘めたる可能性を探ることに主眼を置いています。

従来のマーケティングでは、商品価値の形成はその提供者に委ねられていますが、関係性マーケティングでは、商品価値の形成に商品の受給者が大きく関わりを持っています。今後、関係性マーケティングの重要性がよりいっそう増していくことを考えると、「価値共創」に含まれている潜在的可能性を探ることは、意義あることと思われます。

今、一般的なマーケティング研究とは異なる文脈から光を当てると言いましたが、その文脈とは、一見、マーケティングとは無縁と思われる日本の伝統文化の1つである茶道のことです。

茶道を語る上で重要な概念はいくつかありますが、その中の1つに「主客一体」というものがあります。その意味するところは、茶会の開催において、茶会が実のあるものとして成立するためには、主（茶の提供者）と客（茶の受領者）が協力して茶会を執り行う必要があるというものです。茶会の「価値」を、主と客の双方が共同して創り出すという意味では、「主客共創」と言い換えることが可能であり、そこにマーケティング研究の文脈で語られる「価値共創」とほぼ同一の意味が存在していると言えるでしょう。

そこで、本章では、茶道の精神を世界に向けて英語で論じた岡倉天心の著作『茶の本』（原題は"The Book of Tea" Lexington, KY, USA, 1906/2014）に焦点を当て、そこで語られる茶道の精神から「価値共創」の見えざる側面を明らかにしたいと思います。

この本を茶道の研究文献とした理由は、「『茶の本』が茶道を論じる研究者たちには大きな影響を与えた本である」[1]にもかかわらず、「これまで茶人の側から徹底的に読み込むという作業が行われませんでした」[2]という現状に鑑みると、茶道の原点に立ち返るという意味で重要であると判断したからです。

実際、現在の茶道では、「(『茶の本』を) 高次の宗教論として読む者は今も少ない」[3]ことや「茶の専門家によって真剣に読まれてこなかった」[4]という現状があり、「茶道史家は、回し飲みを論じる際に、天心説を紹介すらしていない」[5]ことを考えると、現在刊行されている茶道に関する多くの実用的な文献を読むより先に、岡倉天心の『茶の本』を分析するのが先決だと言えるでしょう。

言い換えれば、現在の茶道は、多くの人々の日常生活に開かれたものではなく、専門家たちを中心とした閉じられた世界であると推測され、それゆえに、私たちの日常生活への茶道の示唆を得るためには、どうしてもその原点である茶道の精神と、それについて書かれた『茶の本』を読み込むのが最適だと結論できるのです。

1 「価値共創」の実際

谷口正和は、現代は「消費者も創造する時代」だとして4つの事例を挙げています[6]。

1つ目は、東日本大震災の被災者である子どもたち232人とデザイナー385人が共同作業で、子どもたちの描いたスケッチをハンカチにし販売するもので、その販売収益は各小学校に還元され、使い道は子どもたちが主体になって考えます。谷口は、これを「群生する個性表現」と呼び、年齢や専門性を超えて集まった個性が、その数以上の力を発揮すると考えています。共創により予想を超えた価値が創造されるのです。

2つ目は、よく知られた事例で、クックパッドが挙げられます。料理のレシピをそのサイトに投稿することで、クックパッドの新たな使い道が創造されるとともに、レシピの投稿者は料理を通して自己実現を可能にしています。ここでは、二重の意味で価値が創造されていると言えます。クックパッドの新たな使用価値の創造と、その使用価値を通したレシピ投稿者の自己実現という価値の創造です。

3つ目は、京都市左京区の知恩寺境内で毎月15日に開かれる「百万遍手づくり市」で、そこでは450人の素人が出店し、新進クリエーター発掘のために海外からもバイヤーが訪れます。ここでは、一般消費者が商品企画開発者としての力を発揮して、単に買い手に終わらない様子が見て取れます。

イノベーションは企業の研究所の中で起こるだけではなく、商品のファンから構成されるネットワークでも起こり、そこから新たなアイディアを吸い取る企業も出現し始めています。商品企画開発の過程に消費者が参加するという意味での4つ目の「価値共創」です。

以上の4つは、マーケティング・ミックスでいう商品企画開発（Product/Customer Value）の段階での「価値共創」の事例ですが、販売促進（Promotion/Communication）の場面での「価値共創」の事例もあります。

例えば、歌手の藤井フミヤや浜崎あゆみが挙げられるでしょう。[7] 藤井フミヤは、2016年7月13日に、新作アルバム「大人のロック」の発売記念として行った東京都渋谷区のライブハウスでの公演の際、最後の曲で、聴衆にステージ写真をスマートフォンや携帯電話などで撮影するよう呼びかけました。聴衆はそうして撮った写真を、ラインやインスタグラム、フェイスブックなどのSNS（Social Networking Service）上にアップロードすることで、他の聴衆やファンとの交流を促進することができます。浜崎あゆみも同様に、2016年5月から7月の全国ツアーで聴衆の写真撮影を一部の楽曲で認めています。

ライブの商品コンセプトにはさまざまなものがありますが、大勢の聴衆やファンとライブの感動や興奮を共有するという観点で言えば、会場にいた人もいなかった人も含めて感動体験や興奮体験を共有することで、ライブの「思い出」という商品価値を高めることができるのです。これもまたまさに音楽の送り手と受け手の共同作業によるライブという商品価値を、より高い水準で創造することができていると言えるでしょう。

以上の例は、商品の送り手と受け手が共に商品価値を形成し、時には、その商品価値をより高めるというものであり、マーケティング・ミックスにおけるProductやCustomer ValueおよびPromotionやCommunicationの場面において成されるものです。

これらの例は、関係性マーケティングにおける「価値共創」の例としては十分に納得いくものであり理解可能なものです。しかしながら、これら以外の実践例として他には何が考えられるでしょうか。それを以下では、茶道の「主客一体」ひいては「主客共創」という概念を分析することで、探り当てたいと思います。

2　岡倉天心と『茶の本』

岡倉天心が活躍した時代は、日本の鎖国が終わり明治維新が始まった文明開化の時代です。この時代は、ヨーロッパを絶対的な手本とし、日本文化は取るに足らないものとして「廃仏毀釈」や

「脱亜入欧」が叫ばれていました[8]。

このような風潮に危機感を覚え、衰えかけていた日本の伝統美術を保存するとともに復興再生しようと力を注いだ人物が、岡倉天心です[9]。この時代背景の中で書かれた『茶の本』は、茶道の実際を手ほどきしたものではなく、むしろ、その背景にある日本文化とその価値を欧米に向けて論じたものとなりました[10]。

原文は、英語で書かれていますが、これまでにいくつもの外国語にも訳され、世界中で広く読まれています。日本語訳も数種類刊行されており、本章では、日本語訳を照らし合わせながら、最も理解しやすい訳文を、文脈に応じて適宜選んでいます。

岡倉天心は、「茶には日本文化および伝統的な東洋思想が凝縮されていると考え、茶の歴史や、その背景にある哲学、茶が生み出した芸術や美意識などさまざまなテーマを通して、日本文化および伝統的東洋文化の根底にある世界観がどのようなものかを説いて[11]」います。

若松英輔によれば、岡倉天心の言う茶道は、必ずしも茶を点てることではなく、人の生きる道だと理解されています。立派な茶室がなくとも花を飾ればよいし、花を飾らなくても野の花を愛でればよいのです[12]。

また、田中仙堂によれば、岡倉天心は、「茶道の影響が、住居、習慣、服装、料理、陶器、絵画、そして、文学にまでおよぶことを指摘し、日本文化を知るためには、『茶道』について知ることが不可欠である[13]」と明言していると言います。加えて、それは、一部の人々に限られたものではなく、

「貴婦人から農民、最下層の労働者にまで行き渡っている」[14]のです。

実際、岡倉天心は、『茶の本』の中で、「私たち日本人の住居、習慣、衣服や料理、陶磁器、漆器、絵画、そして文学にいたるまで、すべて茶道の影響を受けていないものはない。(中略)茶道は貴婦人の優雅なサロンにも受け入れられれば、庶民のあばら家にも分け隔てなく入っていった」[15]と述べています。

さらに、岡倉天心にとって「茶道は断片化した文化の諸相が集積する場だった。飛散した鉄片が強力な磁石に引きつけられるように集まり、秩序を以て再び統合される」ものでもあるのです。[16]

以上の言明や解釈を通じて言えることは、茶道の精神は、茶道という世界に限られたものではなく、広く日本文化へ影響を及ぼすと同時に、日本文化が凝縮されたものであるということです。しかも、その日本文化は、日本人の日常生活の隅々まで行き渡っているものであり、なおかつ、日常生活のもろもろの諸相が茶道に集約されているとも言えるでしょう。

その意味で、茶道における「主客一体」の観念は、茶道の世界に限られたものではなく、広く日常生活に適用できる観念であると言えるでしょう。したがって、「主客一体」の観念が「価値共創」へとつながる可能性を見出すことができるのです。

3　茶に真理を見る

私たちは、意識するしないは別として、物事の真理というものに触れたいと願っているものです。しかし、真理というものは特別なものではなく、日常茶飯事の中にこそ存在していると岡倉天心は考えています。[17] 実際、『茶の本』では、「毎日の暮らしのなかのこまごまとした事も、高尚な哲学や詩に劣らず、それぞれの民族の理想がどういうものか語っているのである[18]」と述べられています。

また、岡倉天心は、茶道の始祖と言われる陸羽を引き合いに出して、「個々の事物のうちに普遍的な真理が反映されている[19]」あるいは「日常現実ひとつひとつのうちに宇宙全体を律する普遍的真理があらわれる[20]」とする汎神論的象徴主義の中で、陸羽は「茶のもてなしのうちに万物を支配する調和と秩序を見出そうとした[21]」と語ります。

岡倉天心は、このことを表現を変えてこう語っています、「禅の東洋思想に対する特殊な寄与は、この現世の事をも後生のことと同じく重く認めたことである。禅の主張によれば、事物の大相対性から見れば大と小との区別はなく、一原子の中にも大宇宙と等しい可能性がある[22]」と。

また、「茶道の理念はことごとく、暮らしの細々とした事柄のうちに偉大さを見出すというこの禅の考え方に由来する[23]」とも説明しています。加えて、大久保喬樹は、「この世のもろもろの事柄、とりわけ物質的現実に絶対というものはなく、すべては移り変わっていく。それゆえ、物事に大小の区別はなく、小さいものの中に偉大なものが宿り、日常的なものの中に深遠な世界がある[24]」と岡倉天心は説いていると主張します。

タレントの伊集院光は、これらの説明を受け、「(行きつけの) 定食屋の親父が『小鉢に入った僕の煮物は宇宙だ、味が変わる時、体調や気分やその時の野菜の値段など世の中の動きが全部入っていて、なかなか同じ味はできない』と言っています[25]」とその出演番組の中で語っていますが、これこそ、日常の細々としたものの中にこの世界が入っているという観念そのものです。

西洋では、「神は細部に宿る」という表現がありますが、この表現を借りれば「真理は日常に宿る」のです。真理とは何も大袈裟なものではなく、私たちの日々の細々とした中に存在し、それゆえに、私たちは日々の些細な事柄の中に真理を見出し、実現するのです。

さて、その真理とは、何を指しているのでしょうか。

4　茶に宿る真理とは

田中仙堂によれば、岡倉天心は、「茶がきわめて象徴的な性格をもった芸術なのだということを西洋人に印象づけたかった」のではないかと推測し[26]、茶を日常の諸事の中に美を見出して崇拝する審美主義の宗教と解釈しています[27]。ここで言う芸術とは広い意味であり「一定の素材・様式を使って、社会の現実、理想とその矛盾や、人生の哀歓などを美的表現にまで高めて描き出す人間の活動と、その作品[28]」と言えるとともに、ここで言う宗教も広い意味で「神または何らかのすぐれて尊く神聖なものに関する信仰[29]」と言えます。

岡倉天心は、加えて、「茶道は、雑然とした日々の暮らしの中に身を置きながら、そこに美を見出し、敬い尊ぶ儀礼である。そこから人は、純粋と調和、お互いに相手を思いやる慈悲心の深さ、社会秩序への畏敬の念といったものを教えられる[30]」と説明しますが、茶の精神は、日常の中で純粋と調和を重んじ、思いやりや社会秩序の尊重などを通じて、美へとつながっていくことを望んでいるのだと言えるのです。

岡倉天心は、また、「茶の哲学は、世間一般でふつう思われているような単なる唯美主義——ひたすら美だけを追求する流派にとどまるものではない。それは、人間や自然に対するもろもろの見方を表している点で倫理や宗教と結びついている[31]」と語りますが、ここで求められている美とは、より倫理的であり宗教的な高みにあるということでしょう。

このことを田中仙堂は、岡倉天心が、茶道を〝tea-ceremony〟とは訳さずに〝teaism〟と訳してこれを区別したのは、「茶道は単なる儀式ではなく、哲学や思想をもち宗教に匹敵するような信念体系である」と主張したかったのだろうと解説しています[32]。

岡倉天心は、茶を飲みながら〝beautiful foolishness of things〟に思いを馳せよう、と『茶の本』の第1章を締めくくっていますが、それは「世俗の功利的な価値観からみれば役立たずの無用でありながら、そうであればこそ、逆に、そうした功利的な尺度では捉えることのできないような広大無限な精神的価値を指すのである[33]」とし、真の美しさに辿り着こうとしています。

その先に見えるのは、「茶のもてなしのうちに万物を支配する調和と秩序[34]」の存在ではないかと推察されます。以下の論述で明らかにしますが、岡倉天心は、茶を飲むという行為、茶室で行われるもろもろの行為が、最終的には、万物が調和と秩序を保つその美しさを日々の生活の中に見出そう、実現させようとしたものと考えられます。

この調和と秩序に美を見出そうとする姿勢は、茶道に「生きる術」という意味を与え、茶を飲むという行為が、単なる私的な娯楽ではなく、己を知る自己実現の手段の一つとなり得るという考えに結びついていきます[35]。

以上のことを総括すると[36]、茶というものは「処世術」であり、現世における私たちに焦点を当てるものですが、あらゆるものは相対的で変化していくもののため絶対不変というものはなく、その相対性というものが私たちと環境との間の絶え間ない調整を繰り返させるものであり、それにより現世をありのままに受け入れ、慈愛と苦悩の憂き世に美を見出そうとするものであるという結論に行きつきます。

換言すれば、永遠に移り変わり続けるこの世の中において、調整と秩序を通じて美を追い求め続けることが自己実現につながっていくのだとする思考こそが、茶道の精神の表れだと言えるでしょう。

興味深いことに、フィリップ・コトラーは、マーケティングには4つのレベルがあり、その最終レベルにおいては、マーケティングは人々の自己実現を助けるものであるとしています[37]。一見すると、茶道とマーケティングは何ら関係ないものと思えるかも知れませんが、マーケティングが現在到達している関係性マーケティングで「価値共創」を重要視していることは、茶道において「主客一体（主客共創）」が、社会のさまざまな要素を調整し秩序立てることによって、その構成員である私たちの自己実現に寄与することを目指していることと通底するものです。茶道の目指す先にあるものが、マーケティングが目指す先にあるものと同一であると言えるでしょう。

さて、以下では、実際の茶道、特に、茶会において、「価値共創」がどのように行われているかを論じたいと思います。その際に、マーケティングにどのような示唆を得られるかも指摘しましょう。

5　主客一体・主客共創・価値共創

茶会は、茶を提供する者、すなわち、主の努力のみでは成立しません。茶を提供されるもの、すなわち、客の努力も主のそれと同様に求められます。主と客の相互の努力の結果として、茶会が成立するのです。

このことに関して、岡倉天心は、「私たち日本人にとって茶道は単に茶の飲み方の極意というだけのものではない。それは、生きる術を授ける宗教なのである。茶という飲み物が昇華されて、純粋と洗練に対する崇拝の念を具現化する、目に見える形式となったのであり、その機会に応じて主人と客が集い、この世の究極の至福を共に創り出すという神聖な役割を果たすことになる」と述べています。[38]

主と客が協力して茶会を成立させるものだという考えは、『茶の本』の他の箇所にも書かれています。例えば、「芸術鑑賞に必要なのは心と心が共感し、通い合うことだが、そのためには、たがいに謙譲の気持ちを持ち合わねばならない。鑑賞者は作者の言わんとするところを受け止めるのにふさわしい態度を養わねばならないし、作者の方はメッセージをどう伝えるのか心得ていなければならない[39]」と述べています。

ここでは、芸術を引き合いに出して語られていますが、前述したように、茶道は一種の芸術であるという岡倉天心の言明を考えると、ここで述べていることは茶道のことでもあり、日々の中に美を見出そうとする茶道の精神を語っていることにもなります。

大久保喬樹は、岡倉天心のこの言明について、「(芸術の)製作者は一方的、全面的に自己表現を押し付けるのではなく、余白なり暗示なりという工夫を用いて、鑑賞者が感情移入できるような余地を与え、鑑賞者の方は、やはり自分の勝手な思い込みや見方を排して、できるかぎり製作者の意図に近づくように努めることが肝要なのである。こうした天心の芸術観は、茶で言えば、茶会というものが、主人ひとりでも、客だけでも成り立たず、両者が歩み寄り、いわば共同制作の心構えをもって初めて実現されるという事情に照応する[40]」と解説しています。

さらに、大久保喬樹は、「茶会というものは、主人ひとりでも、客だけでも成り立ちません。茶会は、主人が茶を点て、客がそれを飲むことによって初めて完成します。言い換えれば、両者が歩み寄り、いわば全員参加の共同制作の心構えを実践して初めて成立するものなのです[41]」とも付け加えています。

ここで明言されているように、茶会というものは、関係性マーケティングの概念を引き合いに出せば、「価値共創」によって成立していると言え、同時に、茶道の世界は、私たちの日々の生活に影響を与え、かつ、日々の生活の縮図であると考えれば、私たちは、商品価値の創造において、果たして、作り手や売り手のみでなく、受け手や買い手がどれだけ参加しているのか考えざるを得なくなります。この点は、『茶の本』が「価値共創」の隠された側面を示唆していると言える重要なものです。これに関しては、後述します。

参考までに、千利休の唱えた茶の第七則に触れておくと、それは、「相客に心せよ」というものですが、相客というのは、茶会で顔を合わせた人たちのことを指し、縁あって居合わせたのですから、どんな人でも尊重し合い楽しい時間を過ごすことが大切とする考えです[42]。

この部分を念頭に置き、商品の生産から消費まで、さまざまな仕組みと人々の手が関わっていることに思いを馳せるならば、その過程に、私たちは、「主」として、あるいは、「客」として参加していることになります。私たちは、「相客に心」しないといけません。

私たちは、日々、何気なく商品を作っては売り、そして、商品を買っては消費していますが、この第七則に照らし合わせれば、果たして、私たちは「相客に心」しているのか甚だ疑問です。「価値共創」の観点と考え合わせれば、これまで語られることのなかったその隠れた側面に光を当てることができるでしょう。

この隠れた側面について、以下、論じてみます。

（1）全体の調和

茶会においては、主と客は、茶会に関連するあらゆることを念頭に置きながら、茶会を執り行わねばならないとされています。例えば、岡倉天心は茶会を人生に見立てて、「人生という劇は、誰もが調和を心掛けるならばずっと面白いものとなると道教徒は主張する。物事のバランスを保ち、自分の位置は確保しながら他人にも譲るというのがこの世のドラマを成功させる秘訣なのだ[43]」と述べています。

さらに、「われわれは自分の役を過不足なく務めるためには芝居全体を知っていなければならない。個人を知って全体を見失うことがあってはならない[44]」と述べています。

これについて、若松英輔は、岡倉天心の芸術観について、「『芸術』は、美を窓に、実在の世界を希求する営みの異名である。美を感じるそれ自体が『神聖』なる出来事であり、自己を超えることとなる。また、永遠をかいま見ることでもある。そのとき、人は、個として存在すると共に、世界の一部になっていることを感じる[45]」と説明します。

実際、茶会において、主は茶室をさまざまに演出します。掛け軸や生け花、茶碗などの全体を通して、その季節や主の心向きなどを表現します。客は、それらの演出に触れながら、季節や主の心向きを感じ取ることで、茶会に凝縮された世界を見るのです。

ここで述べられていることを言い換えれば、私たちは日々の営みの中で、物事の全体に思いを馳せ、そこに働くさまざまな仕組みの調和と秩序の結果、私たちの日常の細々とした1つひとつの事柄が存在しているのだ、と岡倉天心は主張しているのだと読み取ることができます。これこそが、茶道の「主客一体」から「価値共創」へ示唆できる内容の1つです。

「価値共創」の世界において、商品価値が決定され完結するのは、商品の作り手や売り手だけではなく、商品の受け手や買い手の協力の結果、生じるものであると言えるでしょう。そして、それは、何も商品開発や販売促進などのマーケティング活動の一部分において生じるだけではなく、日常生活の至るところに存在するものであると言えるでしょう。

そこで、以下では、1匹のノルウェー産ししゃもが、家庭の食卓に上がる状況を想定し、その商品価値がどのように完結されるべきなのか、特に、ししゃもの購買者や消費者の視点から考えてみましょう。ししゃもを例に取るのは、それが日常のほんの些細な事柄であるからであり、そこに世界が凝縮されているからです。

なぜ、購買者や消費者の視点から見るかと言えば、ししゃもの漁や流通に関わる人々は、それを商品とするためにさまざまな仕組みが必要であることを理解しており、その仕組みがムリ・ムダ・ムラなく働くことによって、最終的には、スーパーなどの店頭に並ぶことを知っていると考えられるからです。

問題は、ししゃもの購買者や消費者がどこまでそれらの仕組みが調和し秩序立てて働いているかを、ほとんどの場合、知らないことです。先述したように、芝居やドラマの全体を、その主だけではなく客も知っておかなければ、茶道の精神が日常生活に生かされたとは言えません。その意味で、ししゃもの購買者や消費者が、芝居やドラマの全体を知り、自分たちがその一部であると認識して、初めてししゃもの商品価値が完成すると主張したいと思います。

「価値共創」において隠れている側面とは、商品の価値が、その購買者や消費者がその仕組み（芝居やドラマ）の全体に思いを馳せることによって、初めて完結するというものであり、それを抜かしてしまえば、商品の真の価値は成立しないということです。

さて、ノルウェーで獲られたししゃもが、日本の家庭の食卓に上がるまでの過程を考えてみましょう。

STEP1：ノルウェー沖での漁獲

ノルウェー沖でししゃも漁に従事する漁師は、エンジンを動かすために、中東などで産出された石油から作られる重油や軽油、ガソリンを購入し、同時に、造船所で作られた船を使って、海図とレーダー、GPS（Global Positioning System）などを照らし合わせながら、釣具店で購入した網を使用し、ししゃもを従業員である乗組員とともに獲った後、港に戻り市場に並べます。もちろん、船を操縦するための訓練と免許証も必要です。

燃料の獲得は、人類の長い歴史の中で重要な位置を占め、石油を獲得するためには多くの調査と採掘作業が必要であり、その精製にも長年の研究が行われてきました。また、ノルウェー船に給油するためには、中東からノルウェーまでの流通経路が開拓されていなければなりません。その取引が行われるためには、商社の介入など流通機関の発達も欠かせません。

造船にしても、安定した操行や大量の漁を行うためには、長年にわたる製造技術やノウハウの蓄積が必要であり、造船作業を専門とする労働力の特化には、分業社会が前提となっていなければなりません。

海図やレーダー、GPSにしても、海洋地形に関する経験や調査の蓄積に加え、科学技術や数学の進歩がなければ存在しません。加えて、これらの技術は、少量生産であれば高価にならざるを得ず、広く購入され使用されるまでには、大量生産による規模の経済性が発揮されるまでの時間が必要です。

造船技術のみならず船の操縦技術の習得には、経験と訓練が求められ一朝一夕に身に付けられるものではありません。操縦技術を教えるにしても、長期にわたる教授内容と教授手法の蓄積が行われているからこそ、修得が可能であり、単に勘と経験に頼っていたのでは、大量の有能な漁師の育成は行えなかったに違いないでしょう。

市場メカニズムが働く市場の存在とその発達も、人類の長い歴史の中で生み出された発明であり、これなくして、地域流通は元より世界流通の成立は不可能です。

STEP2：魚市場での取引交渉

複数の漁船から水揚げされたししゃもは、いったん近くの魚市場へ集められます。魚市場では、卸売業者やスーパーのバイヤーなどが漁師と交渉しながら、ししゃもの取引数量と仕入れ値を決めた後、ししゃもが入った箱を冷凍トラックなどに積み込みます。

仕入れの交渉に当たる卸売業者やスーパーのバイヤーなどは、ししゃもの価格を判断する知識や経験を持ち、交渉過程に必要な知識と経験も持っている必要があります。それには、人件費がかかるとともに売買交渉を有利に運ぶための訓練費もかかっています。

ししゃもを入れる箱は、ししゃもの身が痛まないような工夫がなされるとともに、その形状や大きさが規格化され、トラックなどの荷台にしっかりと固定されるようにできています。これをするためには、トラック業者と漁業組合などが交渉や研究を重ねることで、最適な形状と大きさが決定されます。

市場で速やかに売買交渉ができるということは、取引に使用できる通貨とその流通が制度化されているほか、何について交渉するかの枠組みも前もって決定されていなければなりません。さもなければ、取引のたびに取引条件や取引項目をいちいち手間暇をかけて決定しなければならず、極めて非効率な上に、生鮮食品であるししゃもの鮮度は刻々と落ちていき売り物としての価値がどんどん低下していきます。

取引に使用される言語や専門用語も統一されたものあるいは理解可能なものでなければ、取引は成立しません。なぜならお互いに理解不能な言葉を使用するからです。取引従事者が相互に理解できるような言語の開発には、語学研究者による外国語研究や専門用語の整備、そして、その修得制度が発達していることが求められます。

ししゃもの輸送に使われる輸送機関であるトラックや飛行機は、離れた場所に人や物を運ぶという地理的懸隔を埋める仕組みを研究開発した結果得られたものです。また、商品の鮮度を保ったままの輸送を可能にするのは、冷蔵技術や冷凍技術があるからであり、時間的懸隔を埋める保管や保存機能が発達した結果です。そこには、それらの機関を動かす化石燃料や電力などの技術発達の裏付けがあります。

トラックや飛行機の運転には、人件費がかかり、その運転手にも操縦技術が求められます。そのような技術や資格を持った人間を育成する制度がある一方で、それらの人材を速やかに調達できる労働市場の整備も行われている必要があります。

トラックでの輸送は、トラック以外に自動車道路や高速道路のインフラストラクチャーが整っている必要があり、それらの建設には、国の税制度が存在していることが前提です。ガソリンスタンドの整備も忘れられてはなりません。飛行機に関しても同様であり、膨大な数の飛行機が滞りなく飛行するためには、国際的な規則や制度の構築が求められます。

STEP3：日本国内での流通

日本国内に到着したししゃもは、各地のスーパーへ送るために仕分けされますが、その前に、卸売業者が必要とされます。というのも、彼らがいなければ、大量に輸入されたししゃもを全国のスーパーのバイヤーが直接に取引に出掛けなければならず、それは時空間的・物理的・人的に不可能だからです。ここには、市場連鎖という仕組みが確立されていなければなりません。

ししゃもは、何段階かの卸を経て、各地のスーパーに仕入れられます。国際流通に使用される輸送トラックなどと比べて、比較的小型のトラックが準備されますが、これらのトラックによって、各スーパーの規模に応じた数量のししゃもが配達されることになります。

スーパーのバックヤードでは、パートの主婦たちなどが、ししゃもを4匹や8匹などに小分けしてトレイに乗せラップをかけます。店内には、その鮮度を保ち続けるために、冷蔵設備が用意されます。ここに並べられるししゃもの数量ないししししゃものトレイの数量も、仕入れの際に事前に決定されています。それは、売れ残りや売り切れの発生を極力避けるためです。

現代の日本では、スーパーの店頭に並べられる商品のほとんどすべてにバーコードが貼り付けられたり印刷されていたりしています。これによって、どの商品が、いつどれだけ売れたかを集計できます。その集計データを統計処理することで、どの日にどのくらいの商品を店頭に並べればよいかを、かなり正確に予測できます。この予測のためには、コンピュータと通信技術の発達が不可欠です。

売れ残りや売り切れの問題、すなわち、最適在庫の問題は、人類を長い間悩ませてきた問題です。経済や経営の問題の大きな1つが、この最適在庫の問題だと言っても過言ではありません。市場メカニズムがこの問題を解決するためにその力が発揮されますが、コンピュータや通信技術が発達する前は、現場の人間の勘や経験に頼ってきたり、あるいは、年に数回の棚卸しで大雑把な統計を取ったりすることしかできませんでした。それが、コンピュータや通信技術の発達に加えて、統計技術の発達などが相まって、人類悲願の最適在庫問題を解決できるようになってきています。特に、消費の変化が激しい我が国では、これらの科学技術がなければ、不良在庫や欠品が続発して商取引が滞ってしまうでしょう。

STEP4：家庭での「価値」の仕上げ

家庭の主婦または主夫は、スーパーまで徒歩、自転車、自動車などで行き、例えば、ししゃも8匹入りのトレイを手に取り、自分のカートに入れます。レジで代金を払い、レジ袋ないしは持参の買い物袋に他の商品と一緒にそのトレイを入れます。場合によっては、ドライアイスをスーパーでもらい、トレイを冷やしながら帰宅します。そのトレイはいったん家庭の冷蔵庫に入れられ、直後に調理されるか数日後に調理されます。調理には、ガスや電気を使ったグリルを使用し、おいしくふっくらと焼きあがったししゃもが食卓に上がることになります。

自宅の近くに、徒歩や自転車、自動車で買いに行ける距離にスーパーがあるということは、商業環境が整えられていることを意味しています。また、家庭での食糧の保存保管には、冷凍庫付きの冷蔵庫が使用されますが、その収納能力は限定されており、スーパーの店頭および倉庫の保管能力が家庭のそれを補完しています。

冷凍庫付きの冷蔵庫の多くは、電気で動いており、その作動には巨大な電力発電所が存在していることが前提です。ここでも、化石燃料を電気に変換する技術が用いられています。ししゃものグリルは、ガスや電気で行われますが、これもガスや電気の供給システムが整っているからこそ可能です。

ししゃもも、単にグリルに入れればよいというものではありません。その調理に必要な火加減や時間などの知識もなければいけません。それらの少なくない知識は、テレビやインターネット、雑誌や料理本などから得られます。この情報媒体が発達していればこそ、私たちは、容易に完成度の高い焼きししゃもを口にすることができるのです。加えて、これらの情報媒体から得られる情報(音声や文字など)を理解するためには、それ相応の教育水準が求められます。

私たちが、家庭でおいしい焼きししゃもを食べられるのは、このSTEP1からSTEP4までの仕組みや知識などが相互に協調して働いた結果であることは、普段は意識されません。

しかしながら、ノルウェー産の新鮮で質のよいししゃもが安価で入手でき、そして、おいしく食すことができるのは、全世界に張り巡らされたさまざまな仕組みが「調和」(「うまくつり合い、全体がととのっていること。いくつかのものが矛盾なく互いに程よく和合[46]」）した結果得られるものであり、その調和が生み出した「美」です。この一連の仕組みのどこかが一つでも首尾よく動かなければ、おいしいししゃもは家庭の食卓に上がることはありません。

茶道における「日常の細々とした中に真理がある」という考えから言えば、商品の購買者ないし消費者が、その真理、つまり、「調和と秩序がもたらす美」というものに気づくことによって、その商品の価値形成の最期の段階が達成されるのです。日々のさまざまなことが、当たり前に起こり流れていく中で、このことを認識することは難しいのかもしれません。けれども、この調和と秩序によってもたらされる美というものを私たちが評価できて初めて、私たちは、商品の価値を評価することができるのです。

「価値共創」という文脈において、「価値」というものは、商品の送り手（主）と商品の受け手（客）の共創によって初めて成り立つと考えるのであれば、商品が消費されるまでに行われる一連の仕組みに思いを馳せるということが、商品の「共創価値」を最終消費者が完成させると言ってよいでしょう。あるいは、それなくして、商品の真の最終価値は成立しないと言ってもよいでしょう。

(2) 空白を埋める

茶道では、「完成そのものではなく、完成にいたる過程が重要」[47]とされます。つまり、完成へ向けて努力することが大切なのであり、完成されないからといって価値がなくなるわけではありません。

常に変化し続ける世界にあって、いったん完成を見たとしても、それはすぐに消え去ってしまうものであるため、私たちは完成に至る過程を何度となく繰り返すことになります。言い換えれば、完成されたものがあったとして、そこには必ず不完全な部分が発生し、それゆえに、その空白を埋める作業が常に必要とされるのです。

岡倉天心は、このことに関して「作品のうちのなんらかを表現せず、空白のまま残しておくことによって、鑑賞者はその空白を自分流に補い、最終的に作品内容を仕上げる機会を与えられる」[48]と述べていますが、これは前項のＳＴＥＰ４にも当てはまります。そうすることにより、「偉大な傑作は、このように鑑賞者の注意をひきつけ、ついには、鑑賞者は自分が作品の一部になってしまったように思われてくるのである」[49]おいしくふっくらと焼き上げられたしゃもは、人類が築き上げてきたさまざまな技術や仕組みが調和した結果訪れた「偉大な傑作」なのです。

加えて、ＳＴＥＰ４の部分は、偉大な傑作に置かれた「虚」の部分と言うことができます。あるいは「空」の部分と言ってもよいでしょう。この「虚」や「空」の部分があるからこそ、消費者によってそれらが埋められ、傑作は完成するのです。このことについて、岡倉天心は「虚は、鑑賞者を導き入れ、その美的感情を思う存分に発揮させる場となる」と指摘しています[50]。

ところで、茶会が執り行われる茶室は、「好き家」「空き家」「数寄家」の３通りの漢字が当てられますが、これは、「単なる言葉遊びではなく、存在の相対性、可変性、多義性という天心の根本思想のあらわれに他ならない。（中略）『好き』は、移ろい行く無常の流れのうちに一瞬にあらわれる現在の瞬間をとらえる感性を、『空き』は、虚の空間こそが無限に自由な可能性を内包するという原理を、『数奇』は、完成固定された秩序ではなく、不完全あるいは未完のうちに流動する生のダイナミズムが息づくという現象を象徴する」[51]と解釈されます。

ノルウェー沖で獲れたししゃもが日本の食卓に上がるまで、多くの市場連鎖とそれを支えるさまざまな仕組みや技術が駆使されますが、この一連の流れは、いったん作動したから完成というわけではなく、何度も何度も繰り返して作動するものです。仔細に観察してみれば、まったく同じように作動しているのではなく、漁獲高は変動し、天候や燃料価格も変動する、陸や空の交通状況も変動し、為替も変動する、何一つとして固定されているものはありません。まさに、これら一連の流れは、「虚」や「空」である「茶室」そのものです。

加えて言うならば、「同じ川の流れに足を入れることはできない」という西洋の諺がありますが、これに当たる日本の言葉は「一期一会」であり、同時に、「主客一体」とともに、茶道を特徴づける言葉でもあります。この言葉によって、まったく同じに見えるもの、例えば、1匹のししゃもであっても、1つひとつを仔細に観察してみれば、ノルウェー沖から日本の食卓へ上がるまでの過程や状況は、前段で述べたように、まったく異なっていることに気づかねばなりません。

「茶室は、美的雰囲気を満たすため、一時的にものを置く以外、まったくの空虚なんです。季節に応じ、また亭主が客の好みに応じ、その時々に調和するよう掛け軸や花や置物が選ばれるのです」[52]と語られるように、刻々と変化する経営環境とマーケティング環境の下で商品を提供するということとは、市場メカニズムや流通システムなどが「調和」を求めて作動する「茶室」になぞらえることができるでしょう。

岡倉天心は、「真の美というものは、不完全なものを前にして、それを心の中で完全なものに仕上げようとする精神の動きにこそ見出される」[53]と述べていますが、「茶室」としての市場メカニズムや流通システムが1つになって働く時、「ふっくらとおいしく焼きあがったししゃも」という「真の美」が現れるのです。

この真の美は、「傑作」と言い換えることもできます。岡倉天心は、「われわれが傑作によって存在するがごとく、傑作はわれわれによって存在する」[54]と述べていますが、このことについて田中仙堂は、「通常、わたしたちは、感動を芸術作品から『与えられた』と言いますが、感動は自分たちの側に反応するものがあって生み出される」[55]と天心は考えているのだと解説しています。そう考えれば、通常、私たちは、ノルウェー産のししゃもが食卓に上がることに何の感動も覚えませんが、それは、私たちにこれを傑作と認める能力が欠如していることにほかなりません。ししゃもの商品価値が最終的に完成するためには、それを味わう消費者にその価値を認めるだけの能力あるいは作業が求められるのです。それによって初めて、ししゃもの商品価値が共創されるのです。

たかが1匹のししゃもが、真の美であり傑作であるとは思えないという反応は予想されますが、しかし、茶道の精神に照らし合わせて考えてみれば、あらゆる仕組みが調和して作動したからこそ得られるものであり、それに思いを馳せることができて、初めてその商品価値が共創され完成するのです。

このことは何も商品に限ったことではありません。例えば、J・S・バッハの「無伴奏ヴァイオリンのためのソナタとパルティータ」という芸術作品にしても、基本は単音で奏でられる旋律の対旋律や和声を聴衆が頭の中で補って初めて作品として完結します。茶道の「虚」や「空」の思想は、何も日本に限ったものではなく、古く西洋にも存在しているのです。

(3) 真に価値を共創する

岡倉天心は、「現今、名人の気分を骨折って研究する者が実に少ないのは、誠に嘆かわしいことである。(中略)名人にはいつでもごちそうの用意があるが、われわれはみずから味わう力が無いために飢えている」[56]と述べ、真の価値を味わうためには、鑑賞者にも努力が必要であると主張します。これは、前項で述べた商品価値を共創するためには、消費者にもそれ相応の見識と努力が必要なことと同じです。

傑作としての商品が持つ真の価値を評価から遠ざけるものに、虚栄があります。岡倉天心は、「虚栄は、それが芸術家の側であれ観衆の側であれ、芸術の共感にとって同じように致命的である」[57]と述べ、また、「今日の世の中で、一見芸術が熱烈に愛好されているようにみえながら、実は、その大半が本当に心の感情に根差したものではないということは至極残念である。(中略)人々は、自分自身の感情など無視して、世間で一番とされているものばかりを追い求める。彼らが欲しがるのは、洗練されたものではなくて、値段の高いものであり、美しいものではなくて流行のものなのだ。（中略）『人は耳でもって絵を評価する』[58]」とも述べています。

これについて、田中仙堂は、「自分の鑑賞力に応じて人は芸術作品に感動するものだと考える天心にとっては、今日の芸術状況は、われわれの現在の鑑賞力を表していることになりますから、ひとごとではすまされません」[59]と述べています。ここからは、私たちは、自分の鑑賞力を高め、自らの力で芸術作品を評価できるようになることを期待されているのです。食卓に上がった1匹のししゃもを当然のものとして味わうか、さまざまな力が調和した結果できあがった芸術作品かつ傑作として味わうかは、消費者各自の力量に任されているのです。

鑑賞者の力量という点に関して、岡倉天心は、「芸術の価値は、それがどれほど私たちに語りかけてくるかということにかかっていることも忘れてはならない。もし、私たちが芸術に寄せる共感が広く、普遍的なものであるならば、それだけ芸術は広く、普遍的なものを与えてくれるだろう。（中略）それでも、結局のところ、私たちは、この広い宇宙のうちにただ自分の姿を見ているだけなのだ。それぞれ個々の性癖によって物の見方は決定されるのである」[60]と述べていますが、「価値共創」の概念に置き換えて考えてみれば、共創される価値は、その共創に携わる者がどれだけその価値を理解できるかどうかによって、高くもなり低くもなると言えるでしょう。私たちは、商品の消費において日々その価値を正当に評価できているかと問われれば、心許ありません。茶道の精神に照らして見れば、私たち消費者は、その鑑識眼を養わねばならないのです。

このことについて、岡倉天心は、「茶人たちは、芸術を暮らしの中に生かすことができて初めて真に芸術を味わうことができるとし、日々の暮らしを、茶室で達成されたような高度に洗練された水準に保とうと心がけた[61]」と述べ、また、「自分自身が美しくなるまでは、美しいものに近づく資格はないのだ。それで、茶人たちは芸術家以上のもの、すなわち芸術そのものになろうと励むことになった[62]」と述べています。

果たして、私たちは、市場メカニズムや流通システムそして科学技術などが極めて首尾よく調和した結果生み出された数多くの商品という、傑作ないし芸術作品の価値を評価できるまでの資格を持っているでしょうか。「価値共創」が追及される経済社会において、茶道の「主客一体」の精神に鑑みながら、商品の鑑識眼を養い、個々の力量において、商品価値を共創できるようになるのが、私たちに求められているのです。

J・S・バッハの「無伴奏ヴァイオリンのためのソナタとパルティータ」における価値共創の例を先に挙げましたが、もう1つ、音楽の例を挙げてみましょう。

マンハッタン・ジャズ・クンテットのリーダー、デヴィッド・マシューズは、新作アルバムの楽しみ方について、「ジャズのビート〝スウィング〟を感じてほしい。それが伝われば僕は満足だね。でも、ある程度、ジャズの知識があるなら是非、ソロを追いながらどこまで付いていけるか試してみるとより音楽を楽しめるんじゃないかな。さらに、その部分を譜面に書き起こせたら、彼等がどれだけすごい演奏をしているか理解するはずだ。そんな風にジャズというのは知識や経験で聴き方が変わるし、そこが醍醐味でもあるんだよ[63]」と述べています。まさに、芸術作品を鑑賞する者の力量によって、その価値の在り方が変わるという例です。

6 価値共創者の資格

本章で述べたように、広義の芸術作品は、美術館や博物館、コンサートやライブ会場などだけで触れられるものに限りません。茶道の精神に照らし合わせれば、それは、日常生活の至るところに見出せるものです。さまざまな仕組みや力が調和しつつ組み合わされて働いた結果生み出された「芸術作品」や「美」は、私たちを取り囲んでいます。そこに気づけるかどうかが、今後、「価値共創」が私たちの世界に浸透するかを決定するでしょう。

ところで、昨今、「おもてなし」が注目されていますが、その源流にあるのが茶道です。現在、一般的に使用されているおもてなしには、「主客一体」という観念が完全に抜け落ちています。日本の伝統的な言葉で言えば、「上げ膳据え膳」がその実態であり、客が「おもてなし」の「価値共創」に参加するという視点は、一切入っていません。企業は、消費者に何の努力もなく期待以上の満足を得られるように活動していますが、そこには、消費者をますます弱体化させるという側面を大きく孕んでいることに気づかねばなりません。

弱体化した消費者は、自分で考えたり行動したりすることがなくなるばかりではなく、「商品価値を学ぶ力」も身に付けられず、どんなにすばらしい商品であっても、それを評価することができなくなります。真に価値ある商品、本物の商品を生み出すためには、時間も労力もお金も必要とされるにもかかわらず、真の商品価値を評価できなくなった消費者を相手にする企業は、結果的に、低品質の商品しか提供できなくなるでしょう。結果的に、主である企業も、客である消費者も自滅するしかなくなります。

そうならないためにも、企業も消費者もお互いに学び合い、育て合うことが求められます。そうすることで、真の共創価値を創造することになり、それが「顧客迎合」に陥ることなく、企業経営の真の目的である「顧客創造」を達成することになるのです。

注
[1] 田中仙堂「岡倉天心『茶の本』をよむ」、講談社学術文庫、2017年、372頁
[2] 田中仙堂、前掲書、372頁
[3] 若松英輔「岡倉天心『茶の本』を読む」、岩波現代文庫、2013年、59頁
[4] 若松英輔、前掲書、96頁
[5] 若松英輔、前掲書、372頁
[6] 谷口正和「論点 生活デザイナー存在感 消費者も創造する時代」、読売新聞、2013年2月15日
[7] 「ライブの興奮、即シェア」、日本経済新聞、2016年8月9日（夕刊）
[8] 100分de名著「岡倉天心『茶の本』第1回 茶碗に満ちる人の心」、NHK―ETV、2015年1月7日
[9] 大久保喬樹『100分de名著 岡倉天心 茶の本』、NHK出版、2015年、5頁
[10] 大久保喬樹、前掲書、4頁
[11] 大久保喬樹、前掲書、4頁

[12] 若松英輔、前掲書、107頁
[13] 田中仙堂、前掲書、322頁
[14] 田中仙堂、前掲書、322頁
[15] 岡倉天心著・大久保喬樹訳『ビギナーズ 日本の思想 新訳 茶の本』、角川ソフィア文庫、2005年、17頁
[16] 若松英輔、前掲書、94頁
[17] 大久保喬樹、前掲書、25頁
[18] 岡倉天心著・大久保喬樹訳、前掲書、39頁
[19] 岡倉天心著・大久保喬樹訳、前掲書、42頁
[20] 大久保喬樹、前掲書、30頁
[21] 岡倉天心著・大久保喬樹訳、前掲書、42頁
[22] 岡倉覚三著・村岡博訳『茶の本』、岩波文庫、1929年、52―53頁
[23] 岡倉天心著・大久保喬樹訳、前掲書、72頁
[24] 大久保喬樹、前掲書、9頁
[25] 100分de名著「岡倉天心『茶の本』第2回 源泉としての老荘と禅」、NHK―ETV、2015年1月14日
[26] 田中仙堂、前掲書、159―160頁
[27] 田中仙堂、前掲書、310頁
[28] 金田一京助・山田忠雄・柴田武・酒井憲二・倉持保男・山田明雄編『新明解 国語辞典 第5版』、三省堂、1997年
[29] 西尾実・岩淵悦太郎・水谷静夫編『岩波 国語辞典 第5版』、岩波書店、1994年
[30] 岡倉天心著・大久保喬樹訳、前掲書、16頁
[31] 岡倉天心著・大久保喬樹訳、前掲書、17頁
[32] 田中仙堂、前掲書、158頁
[33] 岡倉天心著・大久保喬樹訳、前掲書、36頁
[34] 岡倉天心著・大久保喬樹訳、前掲書、42頁
[35] バラエティ・アートワークス『まんがで読破 岡倉天心 茶の本』、イースト・プレス、2011年、46頁
[36] バラエティ・アートワークス、前掲書、62―63頁
[37] 日経プラス10「マーケティングの父コトラー教授に聞く 日本を救うマーケティング」、テレビ東京、2014年9月26日（22時

00分—22時54分）
[38]岡倉天心著・大久保喬樹訳、前掲書、50頁
[39]岡倉天心著・大久保喬樹訳、前掲書、１０３頁
[40]岡倉天心著・大久保喬樹訳、前掲書、１１４—１１５頁
[41]大久保喬樹、前掲書、66頁
[42]岡倉天心著・大久保喬樹訳、前掲書、65頁
[43]バラエティ・アートワークス、前掲書、１６３頁
[44]岡倉天心著・桶谷秀昭訳『茶の本【英文収録】』、講談社学術文庫、１９９４年、43頁
[45]若松英輔、前掲書、65頁
[46]新村出編『広辞苑 第4版』、岩波書店、１９９１年
[47]バラエティ・アートワークス、前掲書、45頁
[48]岡倉天心著・大久保喬樹訳、前掲書、66頁
[49]岡倉天心著・大久保喬樹訳、前掲書、66頁
[50]岡倉天心著・大久保喬樹訳、前掲書、66頁
[51]岡倉天心著・大久保喬樹訳、前掲書、95—96頁
[52]バラエティ・アートワークス、前掲書、１３２—１３３頁
[53]岡倉天心著・大久保喬樹訳、前掲書、92頁
[54]岡倉天心著・桶谷英昭訳、前掲書、68頁
[55]田中仙堂、前掲書、１１２頁
[56]岡倉覚三著・村岡博訳、前掲書、69—70頁
[57]岡倉天心著・桶谷英昭訳、前掲書、71頁
[58]岡倉天心著・大久保喬樹訳、前掲書、１１０—１１１頁
[59]田中仙堂、前掲書、１０７頁
[60]岡倉天心著・大久保喬樹訳、前掲書、１０９頁
[61]岡倉天心著・大久保喬樹訳、前掲書、１４０頁
[62]岡倉天心著・大久保喬樹訳、前掲書、１４０頁

[63] 菅野聖「David Matthews」、intoxicate、#128、タワーレコード、2017年6月、28頁

参考文献および資料

(1) Kakuzo Okakura "The Book of Tea," Lexington, KY, USA, 1906 (2014年)
(2) 岡倉覚三著・村岡博訳『茶の本』、岩波文庫、1929年
(3) 岡倉天心著・大久保喬樹訳『ビギナーズ 日本の思想 新訳 茶の本』、角川ソフィア文庫、2005年
(4) 大久保喬樹『100分de名著 岡倉天心 茶の本』、NHK出版、2015年
(5) 岡倉天心著・桶谷秀昭訳『茶の本 【英文収録】』、講談社学術文庫、1994年
(6) 若松英輔「岡倉天心『茶の本』を読む」、岩波現代文庫、2013年
(7) 田中仙堂「岡倉天心『茶の本』をよむ」、講談社学術文庫、2017年
(8) バラエティ・アートワークス『まんがで読破 岡倉天心 茶の本』、イースト・プレス、2011年
(9) 日経プラス「マーケティングの父コトラー教授に聞く 日本を救うマーケティング」、テレビ東京、2014年9月26日(22時00分―22時54分)
(10) 菅野聖「David Matthews」、intoxicate、#128、タワーレコード、2017年6月
(11) 100分de名著「岡倉天心『茶の本』」、NHK-ETV、2015年1月、水曜、22時00分―22時25分
(12) 新村出編『広辞苑 第4版』、岩波書店、1991年
(13) 西尾実・岩淵悦太郎・水谷静夫編『岩波 国語辞典 第5版』、岩波書店、1994年
(14) 金田一京助・山田忠雄・柴田武・酒井憲二・倉持保男・山田明雄編『新明解 国語辞典 第5版』、三省堂、1997年

2章

ベンチャービジネスの重要性

追手門学院大学経営学部准教授　枦尾　安伸

1　ベンチャーという言葉

今回は、「ベンチャービジネスの重要性」という話をします。今日、お話しする内容は「ベンチャービジネス」ですが、「ベンチャー」という言葉の意味を、どのように解釈すればいいかということです。

皆さんは経営学部の学生なので、経営学の入門は必須で取っていると思いますし、それ以外にも、選択必修や選択科目でいろいろな経営学の授業を取っていると思います。そういう意味では、ある程度、経営学について学んでいると思います。しかし、この「ベンチャービジネス」という言葉自体は、あまり知らないのではないでしょうか。

「ベンチャー」とは何かということです。「アドベンチャー」という言葉は皆さんご存知のように、「冒険」という意味です。「ベンチャー」または、「ベンチャービジネス」とは、このアドベンチャーに似た概念であり、「非常に険しいことに、挑戦する」ことを指します。従って、会社として考えた場合には、リスクを多く含んだ投機的なビジネスを行う企業と認識される場合もあります。

例えば、会社を運営する上でのリスクには、どのようなものがあるでしょうか。これはつまり、大企業が手を出さないような事業、つまり成功があまり保障されないような事業のことです。今までにない、全く新しい商品の場合は、実際には見向きもされないことがあります。それ以外に、法律的に許可されない可能性を含む商品である場合もあります。

一方で、「ベンチャー」を「冒険」として考えると、どうでしょうか。冒険には、いろいろな可能性があります。

例えば、今まで誰も挑戦していない分野、誰もやったことがないところで、新しいことをやるということです。リスクはありますが、新しいことをやってみたいということです。新しい分野を開拓する、または自分の夢を実現するという意味においては、いろいろな可能性をはらんでいます。「ベンチャー」というのは、いい意味での冒険と、それに伴うリスクをはらんだ上でのビジネスが、「ベンチャービジネス」なのです。

これとは別に、「中小企業」という言葉があります。ベンチャービジネスと中小企業には、どのような違いがあるでしょうか。ベンチャービジネスの話をするときに、「中小企業」という概念で捉えられることがあります。これは「ベンチャー」を、中小企業と混同して捉えているのです。

中小企業という言葉は、企業規模に関わる概念です。つまり、中小企業とは企業の規模が小さい企業のことです。では、ベンチャービジネスは中小企業ではないのかと言うと、まさに会社の規模は小さく、中小企業です。ベンチャービジネスという概念では、いきなり何千万人の社員がいるような会社は想定しておらず、大方は企業規模としては小さい企業なのです。しかし、正確に言うと、ベンチャービジネスは企業の規模としては小さいのですが、中小企業とは異なります。基本的に、ベンチャービジネスは企業規模においては中小企業ですが、ベンチャービジネスそのものの概念から照らし合わせると、リスクを取りながら冒険心を持って運営される企業という意味においては、ベンチャービジネスは中小企業ではありません。

ちなみに、何人ぐらい社員がいると中小企業なのかと言うと、大企業の定義としては様々ありますが、従業員数であれば300人以上の会社です。逆に言うと、大企業ではない会社、つまり中小企業は、従業員数300人未満となります。

2　企業に求められる能力「リーダーシップ」「コミュニケーション能力」

では、ベンチャービジネスと経営学とはどのような関係にあるのでしょうか。先述したように、リスクや冒険を含んだ「ベンチャー」に対して、従来の経営学の理論はどのように関わるのでしょうか。

例えば、「リーダーシップ」という言葉を聞いたことがあると思います。皆さんは既にご存知だと思いますが、「リーダーシップ」という概念をおさらいします。

「リーダーシップ」というのは、「あるメンバーが、集団内での他のメンバーの行動に影響を与えることによって、集団の目標達成を促す」ということです。皆さんは「リーダーシップ」という言葉をよく聞くと思いますが、正確な意味では、「集団の目標達成を促す」ことが重要なのです。逆に言うと、目標達成がなければ、リーダーシップを発揮したとは言えません。

話がそれますが、就職活動で「あなたの強みは何ですか」と言われたときに、「私には、リーダーシップがあります」と答える人がいます。皆さんは、3年生の後半になると、就職活動の練習で「自分の強み、弱みを書きなさい」と言われると思いますが、注意してください。「リーダーシップ」という言葉は、使わない方がいいのです。なぜかというと、本当の意味において、集団の目標達成を促すことができるような経験がある人はそうそういないからです。

リーダーシップと、リーダーは異なります。自分の強みとして、「私には、リーダーシップがある」と書いてある文章を読んでみると、「私はアルバイト先で、アルバイトリーダーをしていました。みんなが、僕の言うことをよく聞いて行動してくれたので、私にはリーダーシップがあります」という内容です。しかし、これでは、「リーダーシップがある」ということにはなりません。どうしてでしょうか。

もう一度言います。「私は、アルバイト先で、アルバイトリーダーをしていた。みんなが私の言うことをよく聞いてくれ、店では運営がきちんとできていたので、私にはリーダーシップがある」という主張は、リーダーシップがあるとは言えないのです。これは、つまり「アルバイトリーダーとしての役割を担っていた」ということにしか過ぎないからです。「私は、アルバイトリーダーをしていた」「サークルで、キャプテンをしていた」というのは、あくまでも役割でしかありません。「私は、こういう役割を経験した」と言っているにしか過ぎないのです。

重要なことは、「私は、こういう役割をしていた」という経験ではなく、「それによって、どのような目標を達成したのか」どうかということが重要なのです。先ほどの話で言えば、「アルバイトリーダーを経験していた」ことに付け加えなくてはならないのは、「自分がアルバイトリーダーを経験したことにより、自分が、どのような具体的な効果をもたらしたのか」ということを言う必要があります。

例えば、お客さんが10％増えた、売り上げが伸びた。または、今までは、アルバイト先で毎月、何人か辞めていたが、自分がアルバイト先のリーダーになったことにより、辞めていく人数が減った。これまで毎年5人辞めていたのが、2人に減った、またはゼロになったなど、「具体的に、何らかの目標を達成したのかどうか」ということが問われるのです。

このような意味から、実際問題として、「リーダーシップを発揮した」と言える人は、よっぽど能力がある人であり、そういう人はほとんどいないのです。多くの場合は、役割を経験したに過ぎません。例えば、アメリカンフットボール部でキャプテンをしていても、キャプテンをすることが重要ではありません。キャプテンをしていたことでリーダーシップを発揮したのではなく、「キャプテンをしたことにより、そのチームは具体的に、何が、どう変わったのか」「それまでは、どうだったのか。自分が役割に付いたことにより、どう変わったのか」ということを、明らかにしなければならないのです。

一方で、「私にはリーダーシップがある」という主張は誰にでもできます。つまり、役職を経験していなくても、それぞれの立場で、自分の何らかの集団としての実績を見つければよいのです。例えば、コンビニエンスストアでアルバイトをしていても、アルバイトリーダーでなくてもよいのです。「何を書いたらいいか、分からない」と言う学生がいますが、本当にあなたは何もしていなかったのでしょうか。

一般論として、何らかの仕事をしていれば、その仕事の中で、人は誰でも何らかの影響や効果をもたらしているはずです。人間関係でも構いません。売り上げに結びつけなくても、そこにいる人たちが朗らかになるなど、何かあるはずです。にもかかわらず、「そのようなことはない」としか言えない人は、「私にはリーダーシップがある」とは書かない方がいいのです。

実際、日本企業は、リーダーシップのある人材を非常に必要としています。企業に、「あなたの会社では、どのような人材が求められているか」というアンケートを採ると、第一に挙げられるのが「コミュニケーション能力がある人」です。これは難しいことを求められているのではありません。普通に会話ができればいいのですが、なかなか普通に会話ができる学生がいないそうです。「聞いたことに対して、聞かれたことを答える」ことができないそうです。

友達同士で、「昨日は、どこへ行ったの」「横浜に行った」「どこどこへ行った」だけで終わるのです。「横浜に行った」と言われると、「ああ、そうなの」で終わってしまうのです。「横浜に行って、こんなことをした」と、「相手に、もっと聞いて欲しい」と促すような形が必要ですが、聞かれたことに対して答えるだけの話では、コミュニケーションとは言いません。会話がどんどん弾むようなキーワードを学生側から面接官に提供しなければ、コミュニケーションが成立しないのです。

話が大分それて申し訳ありません。ですが、実際、おしゃべりな人ほど、うまくいきます。おしゃべりというのは、ずっと話しているという意味ではありません。「自分のことを、語ることができる」とよく言いますが、「語る」というのは実のところ難しいことではないのです。

例えば、「あなたは、最近、どうしていたの」と聞くと、「アルバイトをしていました」と答えます。これは、コミュニケーション能力がない典型です。相手にこのようなことしか答えないのであれば、コミュニケーションは成立しません。しかも、このような言い方をされると、それ以上聞きたいとは思わず、この瞬間に聞いている相手への関心がなくなってしまいます。

例えば、「今アルバイトでこんなことをしていますが、昨日こんなことがあって、面白かったのです」と言えば、「それで、どうだったの」となり、そこで初めて言葉のやりとりとしてのコミュニケーション能力が成立します。

3　ベンチャービジネスとリーダーシップ

ベンチャービジネスでは、リーダーシップが非常に重要な能力の一つです。そもそも強いリーダーシップがなければ、ベンチャービジネスを継続していくことは困難です。どうしてでしょうか。最初に挙げたように、ベンチャーにはリスクと冒険をはらんでいます。例えば、皆さんがベンチャー企業に入社する場合には、皆さん自身がリスクと冒険があることを、ある程度理解しているはずです。しかし、ベンチャー企業にはそれと同時に強いリーダーシップも求められることを理解している人はあまりいないのではないでしょうか。

「うちの会社では、これこれのリスクが存在することをこれから実行しようとしている」。冒険には、必ずリスクがあります。リスクのないものは、基本的には冒険とは言いません。ベンチャー企業において強いリーダーシップが必要とされる理由は、「うちの会社は、まだ小さい会社であるため、こういうリスクがある。また、うまくいかない可能性はこれだけある」ということを、少数の社員に正直に堂々と語る必要があるからなのです。

これを語ることができなければ、ベンチャー企業として生き残ることができません。このリスクをごまかすような会社では、継続できないのです。きちんとリスクを語ることができる、そしてリーダーシップを発揮して、集団としての成果を残すことが重要なのです。

もう1つは、ベンチャー企業であるからこそ語れる「夢」があります。「私の会社は、今はこうだが、将来はこれだけの規模になるような会社に10年後にはなる」といった夢を語ることができるのは、ベンチャー企業にしかできません。

大きな会社には、既に何十年、何百年という歴史があります。そうすると、会社に入った時点で、20年後、30年後、40年後が見えてくるのです。今年入社した新入社員としてのあなたの20年後の未来の姿は、現在あなたの前にいる40代の社員であることがはっきりと確認できるのです。例えば、就職活動をしている人にとっては、現在入社を検討している企業における入社後の自分の姿は、目の前にいる人事課の人々なのです。しかし、一般的には企業の、人事課は一番エースと言われる人材が経験する仕事であるため、未来の自分の理想的な姿が目の前の人事課の人々に魅力を感じることができないのであれば、その人にとってのその企業は就職に値するとは言えないかもしれません。

一方で、ベンチャー企業の場合、将来を見通すことは困難です。将来どうなるか分かりません。具体的な入社後の姿を見せることは困難です。しかし、だからこそ夢を語ることができるのです。「私の会社は今はこうだが、将来はこれだけ変わる」と、熱く語ることができるのです。

さらに、ベンチャービジネスにリーダーシップが求められるもう一つの理由は、早期の段階である程度の集団としての実績を上げることが求められるからです。リスクや冒険を語り、夢を託しますが、実際問題として、「一昨年から去年にかけて、どうだったのか」「去年から今年にかけて、どうだったのか」ということに対して、「現在はこうなっている」ということを堂々と語れなければうまくいきません。

大企業では、基本的にこれまでの活動を踏襲していることが多いので、ある程度の予測が付き、去年と一昨年、一昨年と3年前や4年前と、そう変わるわけではありません。しかし、ベンチャーの場合は、早い段階である程度の実績を出さなければ、信頼してもらうことはできません。早い段階からある程度の実績を残せないベンチャービジネスでは、うまくいきません。このような場合に、強いリーダーシップが必要とされるのです。

私は、皆さんに「ベンチャー企業に就職したほうがいい」とは言いません。しかし、ベンチャービジネスはリスクと冒険と、社長の強いリーダーシップという要素が詰まった会社なのです。社長の夢に賛同できれば、現時点での給与水準に満足できなくても構わないかもしれません。

Yahoo! Japanもそうです。Yahoo! Japanはソフトバンク創業者の孫正義氏がつくった会社です。ベンチャー企業として出発しましたが、会社が上場するまで成長したことによって、社員は自社株の評価額が莫大な金額になりました。ベンチャービジネスだからこそ、起こり得たことなのです。

4 ベンチャービジネスと職務設計

次は、「ベンチャービジネスにおける職務設計」という視点から考えてみましょう。ベンチャー企業で、仕事はどのように行うのでしょうか。まずは、大企業の会社構造から検討してみましょう。

会社構造とは、営業部、人事部、経理部という形で、職務内容によって仕事が分担されます。「あなたの仕事の範囲は、ここです。他の仕事は任せて、あなたはここに集中しなさい」という仕事の与え方です。これに対して、中小企業は、いろいろな仕事を兼任します。人数が少ないので、当然、「仕事の範囲は、ここまで」としてしまうと、仕事が回っていかないので、いろいろな仕事を兼任します。

では、中小企業の範疇であるベンチャービジネスの場合は、どのような違いがあるでしょうか。ベンチャービジネスには、リスクと冒険があることが前提となるので、当然、仕事の与え方も変わってきます。ベンチャービジネスは中小企業のように多様な仕事を担当しなければならないだけではなく、仕事の範囲もどんどん変化します。ベンチャーなので、ある商品をつくっても、売れないことがあります。売れない商品をずっとつくることはできないので、当然、別の仕事にしていかなければいけません。つまり、仕事の範囲において変化が多いのです。

さらに、ベンチャービジネスでは、自らの仕事の範囲を自ら変えることができる可能性が高いのです。中小企業は範囲が広いので、自分で変えることができると思っているかもしれません。実際は多様な仕事を兼任しますが、自ら自分で仕事の範囲を変えることは難しい場合が多いのです。中小企業では社長との距離も近いため、社長の考えに基づいて仕事をしなければならないのです。

一方、ベンチャービジネスの場合は、中小企業の場合とは少し異なります。社歴がないので、「どのようにすれば、成功するのか」という成功モデルがありません。従って、自らモチベーションを高めて、自分で「この仕事であれば、こうすればいいのではないか」というように、自ら考えて仕事を変えなければならないのです。

5　ベンチャービジネスと欲求階層説

ところで、皆さんの中には「マズロー」という名前を、聞いたことがある人はいるでしょうか。彼は今から100年以上前に生まれた心理学者なのですが、「人間の欲求は、5段階ある」という欲求階層説を唱えました。

私個人として実は経営学におけるあらゆる理論の中で一番重要だと思うのが、心理学の理論なのです。彼は、人間の欲求は上から、「自己実現欲求」「自尊欲求」「社会的欲求」「安全欲求」「生理的欲求」と言う5段階があると指摘しました。彼が言うには、あらゆる人間の欲求は、全てこの5段階に集約されると言うのです。仏教では人間の欲求としての煩悩は108あると言いますが、それが全てこの5段階に集約されると言うのです。

例えば、「トイレに行きたい」という欲求があります。または、「眠りたい」という欲求もあります。このような欲求は動物も同じとされ、「生理的欲求」がこれに該当します。

「安全欲求」は、安全な日常生活をしたいということです。家は、「安全欲求」を満たす象徴です。住む家がないということは、安全に生活できない環境にあるということです。食べるものがあっても、住む家がないという人がいます。この場合、彼らは生理的欲求が満たされているが、安全欲求が満たされていないとも言えます。

「社会的欲求」は、友人関係を大切にしたい、友人と仲良くしたいということです。この友人関係とは、恋人との関係も含まれます。社会的欲求とは、基本的には、友人関係や人間関係を指します。

「自尊欲求」というのは、自ら尊ぶと言いますが、自分のことを「すごい」と思われたいということです。高級なカバンや時計などを持つのは自己満足かもしれませんが、それを友人に見せびらかすということは、自尊欲求を満たすことかもしれません。「自慢したい」、または、周りから「あの人は、すごいと思われたい」というのが「自尊欲求」です。

最後の「自己実現欲求」は、夢を実現したいという欲求です。「マズローの5段階」というのは、人間の5つある欲求の中で、人間は必ず下から上に向かうというのです。つまり、生理的欲求が満たされて初めて、安全欲求なのです。いろいろな研究者が様々な研究を行って、日々理論は書き換えられていますます。しかし、この理論は昔から変わりません。もちろん理論構造や実証などの点から様々な批判が行われてきましたが、今でもこの理論は基本的な概念として授業などでも紹介されています。「本当かな」と思うかもしれませんが、基本的にはこの形式です。

この欲求階層説によると、ベンチャービジネスの場合は、生理的欲求と安全欲求を金銭的な意味や安定性という意味において、必ずしも完全に満たせるとは言えないかもしれません。しかし、そのような低次の欲求は気にならないのです。ベンチャービジネスの場合は、「夢を実現したい」ということに重きを置いているように思います。

これに対して、大企業を希望する人は安全欲求や自尊欲求を満たすためではないでしょうか。いい会社に入り、「私は、こんな会社に入った」「給料は何万円だ」というのは、自尊欲求かもしれません。しかし、そこに夢はあるでしょうか。大企業に入社する最も大きな理由が安定であれば、それは安全欲求なのです。「大企業に入りたい」「給料が高いところに入りたい」というのは、どちらかというと、安全欲求を満たしたいのではないでしょうか。

一方で、ベンチャー企業に入社したいと考えている人は、これら安全欲求や自尊欲求を超越しています。人によって、20万円で満足している人と、「20万円ではとても生活は成り立たない」と思っている人がいますが、給与水準の問題ではないのです。「給料が高い、低い」ではなく、その人にとって、本質的に不安を感じるレベルかどうかという問題なのです。給料は高くなくても、悩んでいなければ、それでOKなのです。給料が15万円でも、世の中には「それでOK」という人がいるのです。現在の給与水準よりも将来の夢に執着していることが、ベンチャービジネスを起業する、またはベンチャー企業に入社しようとする人たちの特徴と言えるかもしれません。

私は、「ベンチャー企業に入社した方がいい」と言っているつもりは、全くありません。ただ、「マズローの5段階」に沿えば、「自分は、何の欲求を抱いているのか」「自分が勤め先を選ぶときに、何の欲求を一番重視しているのか」という、自己分析ができるはずです。企業によって重視している事業や将来性についての見解は異なります。個々の企業を見て、それぞれの企業のどこに魅力を感じているのかは、現在の自分を反映しているのです。

生理的欲求や安全欲求などの水準は、もちろん人によって違いますが、私の場合は就職先に求めることは、住環境がしっかりと維持することができるだけでなく、自分の今までの生活環境が維持されることです。これはつまり、就職先に安全欲求を求めているとも言えます。皆さんは、違うかもしれません。

ちなみに、ほとんどの人が希望に溢れて社会に出て行きますが、そのうち3年以内に3割以上の人が会社を辞めてしまいます。そして、この会社を辞めた人のうち、非常に多くの割合の人々が、社会的欲求が満たされないために辞めているというのです。つまり、同僚との関係や上司との関係、部下との関係に悩んで辞めてしまうのが実態です。

6　まとめ

本章では、ベンチャービジネスの重要性というテーマにおいて、「ベンチャー」という言葉の意味、さらにはベンチャービジネスとリーダーシップ、ベンチャービジネスと職務設計、ベンチャービジネスと欲求階層説など経営学における人的資源的視点からの特徴について議論を行ってきました。もちろん、これ以外にも「ベンチャー」や「ベンチャービジネス」に関わるその他多くの議論すべき余地は多く残っています。しかし、「ベンチャー」という概念は今後もさらに多くの研究を要する分野であり、今後の環境変化によって変化の多い分野でもあります。従って、他の章においても、ベンチャーに関わる多くの理解や研究対象としての関心を深めていただきたいと思います。

参考文献

加護野忠男・伊丹敬之『ゼミナール経営学入門』日本経済新聞社、２００３年

3章

ベンチャービジネスの重要性と政府等の支援策

追手門学院大学地域創造学部 講師　稲葉 哲

1　はじめに

ベンチャー企業というと、皆さんはどのようなイメージをお持ちでしょうか。「怪しい企業」という悪いイメージを挙げる人もいるかもしれませんが、「新しいことをする元気な企業」、「世界で活躍する小さな企業」、「社長さんが若くてユニーク」などと良いイメージを挙げる人もいると思います。

ベンチャーというと、「ITベンチャー」、「バイオベンチャー」、「ロボットベンチャー」、最近では「宇宙開発ベンチャー」という言葉も出てきていますが、おそらく、先端分野で産業自体が成長しているというイメージがあるかもしれません。

では、「具体的にベンチャー企業の名前を一つでいいから挙げてください」と言われて挙げることができるでしょうか。おそらく、多くの人は「知らない」と言うでしょう。少なくとも自分たちの身近にない特殊な存在としてしか考えられないと思います。「新しいことをする元気な会社」は皆さんの身近にありますか。

2 「独創的なビジネスで急成長している企業」をイメージする

日本ベンチャー大賞を受賞したような代表的なベンチャー企業の例を挙げて説明し始めるのが、定義的にも異論がなくていいのですが、研究開発型ベンチャーとか、知らないベンチャーの話をいきなりすると文系の学生さんなどには興味を持ってもらえなくなりますので、まず、ここでは知名度を重視して、今では企業規模は大きいですが、比較的新しい企業で、若くてユニークな社長さんのいるＲＩＺＡＰグループの話について触れたいと思います。

２０１７年９月６日の朝日新聞朝刊「けいざい＋」の「ＲＩＺＡＰの挑戦　上・下」には、「結果にコミット」のダイエットＣＭで有名なＲＩＺＡＰの記事が書かれています。概要は、①２００３年、後にＲＩＺＡＰとなる健康コーポレーションを創業。②社長は瀬戸健、２０１７年現在、39歳。③最初、大豆で作るサプリメントで失敗したが、「おからクッキー」で急成長。④「おからクッキー」の売上は急減するが、そのときに買収した子会社の美顔器で成功。⑤２０１２年に

RIZAP事業開始。⑥静岡県牧之原市で高齢者の集団運動・食事指導で医療費削減に取り組み出す。⑦東京大学と組み、食道がんの手術を受けた人の体力向上を図る共同研究を始める。⑧M&Aにも積極的で旧経営者とともに再建（企業再生については、2017年12月5日テレビ東京「ガイアの夜明け」で放送）。⑨世界中の三日坊主がターゲット（RIZAP事業については、2018年2月8日テレビ東京「カンブリア宮殿」で放送）。

価格は高いけれど、徹底的に顧客に寄り添ってオーダーメイド型の健康管理で成果を出すダイエットや、既存の高価格美顔器市場に、「低価格美顔器販売と消耗品の美顔ジェルの毎月配送の組み合わせ」でビジネスを仕掛けたビジネスモデルに関する話も面白いのですが、何よりも際立って見えてくるのが社長さんの「意志や思いの強さ」、「粘り強さと迅速な行動力」、そして「自身の経験と外部資源の徹底活用」です。高校時代の成績はビリだとか、おからクッキーの売上急減で倒産寸前までいったと書かれていると、クールな経営者を想像できませんが、「人（そして、組織）は変われる」を身をもって証明してきました。ベンチャー経営者として世界で最も有名と言われている宇宙開発ベンチャーのスペースX社CEOであるイーロン・マスク（46歳）さんとは、イメージ的には異なりますが、過去の困難や失敗を経験に、ビジネスの拡大、グローバル展開を積極的に推し進めようとするRIZAPグループ・瀬戸健社長の姿勢にベンチャー経営者としての共通点と「人間的魅力」を感じる社員や若者は多いのではないでしょうか。生まれ持った「秀でた特性」というより、走りながら考える「行動力」が目立っており、その姿勢やビジョンに共感して、人が集まってきているという感じなのではないかと思われます。

買収を積極的に行い、事業を拡大させているＲＩＺＡＰグループの勢いはすごいと思いますが、こうした高成長企業の中には、若手起業家に率いられているところが少なくありません。会社を急成長させる若手起業家には知識や経験の不足を補ってあまりある何らかの共通点がありそうです。

3　ベンチャー企業とは

ベンチャー関連の本を本屋に探しに行くと、例えば、植田他（２０１４）『中小企業・ベンチャー企業論』（有斐閣コンパクト）のように、題名に「中小企業」と「ベンチャー企業」が併記された本を見かけますが、題名に書かれていなくても、中小企業論の中でベンチャー企業を紹介することは多くあります。では、ベンチャー企業は、中小企業とはどこが違うのでしょうか。

中小企業といえば、「大阪は中小企業が多い」とか「うちの親も中小企業で働いている」とかで、身近な存在という感じですが、ベンチャーとなるとだいぶ印象が変わります。

起業したばかりの若い企業はヒト・モノ・カネ・情報といった経営資源が不足しがちです。そういう意味で、創業間もない企業は規模としては基本的に中小企業になります。しかし、ベンチャー企業をすべて中小企業と同一に扱っていいのか、となると少し考えなくてはなりません。

松田修一（２０１４）『ベンチャー企業〈第４版〉』（日経文庫）では、ベンチャー企業を、①「リスクを恐れず新しい領域に挑戦する起業家に率いられた若い企業で、製品や商品の独創性、事業の独立性、社会性、さらに国際性を持った企業」としており、もう少し定義を緩めて、②「リスクを恐れずに新しい領域に挑戦する若い企業」をベンチャー企業として定義しています。

①の定義からは、成長（スピード）重視で（それゆえ粗削り）、ある限定された地域で細々と事業をするのではなく、世界に目を向け、社会に大きな影響を与えようとしている先端技術を持った若い企業、全く新しいものを作り出し、いきなり世界を目指すような企業というイメージでしょうか。一方、②の定義では、国際性などの条件がないため、より狭い地域の課題を解決しようという社会的起業家もここに含まれそうです。どちらの定義がいいかは分析の視点によるでしょうが、とりあえず、ビジネスで世の中を変えたり、何らかの困難な課題を新しいやり方で解決しようという志の高い起業家、大きな夢を持った起業家に率いられたチャレンジ精神旺盛な若い企業といったイメージでよいと思います。品質重視、安定志向の、経営基盤の確立した大企業や、大企業の指示を受けて動く下請け中小企業とはだいぶイメージが異なります。

ベンチャー企業はイノベーションの担い手だと言われます。宇宙開発ベンチャー・スペースX社のイーロン・マスクさんが、ロケットで、「ロサンゼルス―東京間を32分で移動できるようになる」と言ったそうです。これまで移動にかかっていた「無駄な時間」が節約されますから、気軽に利用できるような運賃になれば、今よりもっと旅行が便利になり、グローバルな人の移動も活発になります。テクノロジーとビジネスの力で人々の生活も世の中も一変しそうです。

ＩＴやＡＩの発達により今後われわれの生活はより便利で快適になっていきそうです。革新的な技術をゼロから生み出すこともあるかもしれませんが、「十分な価値を生んでこなかった既存の技術」や「十分に活用されていなかった資源（製品、土地、建物、機械、原材料、資金、人材、情報、ノウハウなど）」を組み合わせて革新的な商品、サービスを生み出すこともできますし、これまで大企業や大学に閉鎖的に抱え込まれていた技術が解放され、さまざまな人たちの工夫やアイデアを通じて、世界で活用されるようになるかもしれません。チャレンジ精神旺盛な起業家がビジネスで新しい価値を生み、市場を開拓して商品やサービスを新たな客に提供します。

4　日本企業を取り巻く環境

(1) 日本経済の問題

日本経済は、少子高齢化や人口減少の問題により、国内需要の伸び悩みと労働力不足が続き、経営環境は今後も厳しいのではないかと言われています。国際競争が激化する中、成長する海外市場を目指し、企業はグローバル化を加速させていますが、日本企業のグローバル展開が進む一方、外国企業の日本進出はあまり期待できないとされています。法人税減税や、規制緩和を進めるという話をよく耳にしますが、それは、企業の活動しやすい環境を整え、産業の空洞化に歯止めをかけながら、国内での起業も増やそうという狙いがあります。

２０１７年12月27日の日本経済新聞（以下、日経新聞）朝刊に、「日本、生産性14位に低下、製造業15年最低に並ぶ」という記事があります。労働者がどれだけ効率的に働いたかを示す労働生産性（付加価値額／労働者数）は、２０００年まで日本が主要国1位でしたが、その後大きく後退してきました。主要先進国共通の課題でもありますが、製造拠点の海外移転が大きな問題で、政府は生産性向上のため、革新的な技術に投資した企業に減税などの優遇策を打ち出し、スイスやデンマークのように国際競争力のある企業が生まれるように積極的に支援しようとしています。

(2) 開・廃業率

中小企業の廃業の増加という問題もあります。２０１７年版『中小企業白書』の第1部第2章第1節でも紹介されていますが、東京商工リサーチによると、債務超過で債務の支払い不能に陥る倒産企業数は減ってきたようですが、後継者難や人材不足から資産超過の状態で事業を停止する休廃業企業数はリーマンショックが起こる前から増加してきました。廃業だけが増えれば、雇用の場がなくなりますし、社会の活力がなくなり、日本経済全体の元気がなくなります。

中小企業経営者が事業承継できずに廃業する一つの理由として、将来、頑張っても、売上向上の見込みが立たないということがあります。最近、景気も回復してきたため、こうした面では、経営者が事業承継を考えたり、後継者を育成する意欲が高まってきているはずですが、日本は、今、一般企業などでの就職が比較的容易で給料も安定しているため、それ以上の収入の見込みが立たなければたとえ黒字でも経営者は親族に事業承継を求めることができません。こうした状況を放置できないとして、最近、経済産業省近畿経済産業局では、若手後継者の「ベンチャー型事業承継」として、先代の経営資源を活用して新たな領域に挑戦する後継者を応援しているので、親が会社を経営していて後継者になることを考えている場合はイベントや講座に参加したり相談してみるといいかと思います。

厚生労働省「雇用保険事業年報」の開・廃業率の推移を見ると、景気回復により開業も同時に増えてきているようですので、全体としては問題ないようにも見えますが、国際的に見ると、日本の開・廃業率はまだ低く（2015年度の開業率は5・2％、廃業率は3・8％）、企業の新陳代謝が進んでいるとは言えないようです。

新しいビジネスが生まれなければ社会の活力は生まれません。ですから、やはり起業が増えることが必要ですし、そのためには新しいビジネスにチャレンジする起業家、あるいは起業家精神を持った人が生まれ、社会で活躍することが必要です。安倍政権もこのことを認識しており、この低い開・廃業率を欧米並みの10％程度に引き上げることを目標としています。

（3）一人ビジネスができる時代

2017年1月1日、日経MJ（流通新聞）に「一人ビジネス　挑戦」という記事があります。

一般的に、ヒト、モノ、カネ、情報といった経営資源がなければ商品、サービスを生み出すことはできません。しかし、クラウドファンディング大手のキャンプファイヤーの「スターテッド」では、服作りの知識や技術がなくてもデザインのアイデアを出すだけで服を作って、サイト内で販売ができます。ブランド立ち上げ費用は、10万円からということですが、服のサンプルを作ってもらえ、原価も販売価格も自動計算で決まり、材料の購入、裁断、縫製のための知識も機械の購入も、お店を持つ必要もありません（販売価格の50％を受け取れます）。FUN UPのアプリ「モノミー」は、300種類以上のパーツからアクセサリーが作れるもので、こちらも販売価格を自動計算して、受注があると、パーツの発注、製作から決済、配送まですべてやってくれるため在庫のリスクを抱える必要もないようです（販売価格の10％を受け取れます）。材料の購入先を見つけたり、工場を建てたり、販売場所を確保したり、原価を計算したり、相場の価格を調べたりといった、手間暇のかかる作業から解放され、個人の発想力だけで、自分の商品やサービスが出せます。また、レンタルオフィスの「タスクール」は、オフィスだけでなく、人手が必要な場合などは社員を貸し出して雑務を引き受けてくれるそうです。

最近、コワーキングスペース、3Dプリンターサービス、クラウドソーシング等、ビジネス上の相談、試作品作り、（デザイナーなどの）個人の能力などが気軽に活用できるようになり、以前に比べると明らかに起業のハードルは下がってきています。

（4）若者の起業状況

2014年版『中小企業白書』第3部第2章第1節に、起業希望者数や起業家数の推移が書かれたグラフがあります。2012年までのデータですが、90年代後半に比べると、起業家数が減っています。特に目立つのは起業希望者の減少で、97年と比べると、その数は半減しています。起業希望者及び起業家の年齢別構成の推移も載っていますが、高齢者が起業家全体に占める比率が大きくなっており、反対に若者の起業比率はほとんど伸びておらず、若者の起業は活発とは言えないようです。

しかし、若者も起業をしたくないわけではなさそうです。「起業希望者」の年齢構成を見ると、起業を希望したけれど、結局、起業しなかった若者が多くいることがわかります。日本の若者の失業率は低く、給料も安定していて決して少なくありません。起業による所得の期待値が高いなら、お金持ちになることを夢見て起業することも考えられますが、大成功する起業家が少なく、一般的に自営業主の収入は高いとは言えないため、収入以外の起業目的がなければわざわざサラリーマンになることを辞めてまで起業をすることはしません。家業を継ぐことと同様、日本の起業の機会費用は高いと言えます。

2017年版『中小企業白書』の第2部第1章第2節には、起業後、雇用や売上拡大を目指す若者の比率が高く、年齢が高くなるほど、安定志向の起業を目指す傾向があるということが示されています。勢いのある企業を増やすためには、若者の力が必要です。現在、起業はしやすい環境になっています。そこで「志の高い若者の起業を持続的に増やしていくためにどうすればいいか」ということが、課題となっています。

5　ベンチャーを取り巻く環境

２０１７年版『中小企業白書』の第2部第1章第1節では、グローバル・アントレプレナーシップ・モニター（ＧＥＭ調査）の、起業環境の国際比較が示されています。起業意識に関しては、欧米諸国と比べ、日本は、「周囲に起業家がいない」、「起業するために必要な知識、能力、経験がない」、「起業に成功しても社会的地位が得られない」、「起業に無関心」と解釈できる結果が明確に表れ、世界銀行「Doing Business 2017」の起業環境の国際比較においても、日本は起業の手続きに時間と手間がかかり、起業のしやすさの総合順位が89位と、欧米諸国に比べ日本の起業環境が非常に悪いことが示されています。手続きにかかる時間と手間を、できる限り減らしていく必要があります。

同じく、２０１７年版『中小企業白書』の第2部第1章第2節では、「起業への関心」に関する調査で、周囲に「友人・知人」や「両親」など企業経営者がいること、「起業家に関する本」を読んだり、「経営に関する知識を習得」したり、「職場体験」、「リーダーシップ教育」を受けたり、「起業家等による講演会や交流会への参加」等、起業家教育を受講している方が、起業に関心を持つということをデータから確認しています。「職場体験」をはじめとしたビジネスを身近に感じる場が必要ですし、周囲に企業経営で成功する人が出てくる必要もあるでしょう。

日本では失敗をするとすぐにたたかれてしまうので、「日本は、新たな挑戦がしにくい社会」だと言われます。また、日本では、企業経営者があまり尊敬される環境にないとも言われています。やはり、人は、身近に尊敬したり、目標にする人がいたりすれば、誰かから尊敬されたり、目標にされたいと思うのではないでしょうか。そのような環境ができれば、おそらく、起業家になることに興味を持つ人も出てくるでしょう。日本は、何もしなくても就職できる平和な世の中だからこそ、起業家を生み出すような教育や刺激が必要だと思います。

また、世界で活躍したり、急成長を目指すためには、資金と経営・技術指導ができる優秀な相談役が必要ですが、そうした役割を果たす組織である「ベンチャーキャピタル」や個人投資家の「エンジェル」はアメリカに比べると不足しているとも言われています。

6　ベンチャー支援環境

こうした課題がある一方で、最近、ちょっとしたベンチャーブームが起き、一部の有望ベンチャー企業に資金が集まりやすくなっています。景気が回復してきたことにより、企業ならびに投資家の収益が拡大し、その余剰資金が、ベンチャー企業への投資にも向かっています。

「エンジェル税制」と言われる個人投資家を税制面で優遇してベンチャー投資を増やそうという政策も出ています。経済産業省のホームページを見ると、エンジェル税制適用企業が少なく、ベンチャー企業にも投資家にもあまり知られていないような気もしますが、わかりやすい動画解説もあり、エンジェル税制適用企業、投資額ともに増えているそうです。また、経営支援を積極的に行う認定ベンチャーファンドを通じて、ベンチャー企業に投資した会社についても「ベンチャー投資促進税制」で税制優遇が受けられるようになっています。

中小企業への優先発注などを定めた、官公需法の改正もベンチャーにとって追い風です。ベンチャーは実績が不足しているため、信用力のないベンチャーに仕事は回ってきませんでしたが、「国が仕事を発注するときには、創業10年未満の若い企業に優先的に発注するように配慮しなければならない」という内容の法律で、地方自治体も同様にするように求めています。

また、中小企業の経営全般の相談に無料で応じてくれる「よろず支援拠点」が全国にあるため、補助金や専門家派遣について相談したり、新しいことを始める際のアドバイスを求めたりすることもできます。

政府は、地方経済活性化の推進役としてもベンチャーに期待し、支援していこうとしています。地方関連予算も大きな額が充てられています。「このままいくと、2040年までに半分の自治体が消えていく」と言われているので、斬新なアイデアを持ち、小回りが利くような地方のベンチャーが活用される機会が増えていくだろうと言われています。貸出先企業が限られてきた地方銀行の期待も大きく、ベンチャー向けの融資や投資に積極的になってきました。成長が期待できる有望なベンチャー企業を探しています。

また最近は、資金支援が集まりにくかった分野にもインターネットを通じて多数の人から資金と関心が向かい始めています。「クラウドファンディング」という言葉が、新聞やニュースでよく出てきています。第40回日本アカデミー賞優秀アニメーション作品賞を受賞した『この世界の片隅に』もｍａｋｕａｋｅというクラウドファンディングで４０００万円近い資金を集めており、もしクラウドファンディングがなかったら映画を作ることができなかったとも言われています。クラウドファンディングは、「ベンチャー企業のやり方、思い（あるいは、個人や小企業のチャレンジ）」に共感した個人が、比較的少額からお金を出して応援することができる仕組みのことで、東日本大震災以降、急速に利用が拡大してきました。その中でも、特に地方に注目したサービスができてきています。ですから、必ずしも、東京にいなければ起業できないわけではなく、地方でも起業ができるようになってきています。

さらに、ＩＣＯ（Initial Coin Offering）という仮想通貨で資金調達をする事例も海外を中心に出てきました。ふつうは、ベンチャーキャピタル等から株式に出資してもらうのですが、「株式」ではなく、「仮想通貨」で世界中から資金調達できるようになっています。ビットコイン相場の乱高下で、仮想通貨が何かと話題になってきましたが、ＩＰＯ（Initial Public Offering：株式公開）に比べると手続きが容易で、短期間で世界中から資金を集めることができるということで、最近、日本でもＩＣＯで多額の資金を集めるベンチャー企業のことが報道されています。

7 「ベンチャー支援を活用している企業」をイメージする

２０１７年４月８日、朝日新聞朝刊フロントランナーに、「トリプル・ダブリュー・ジャパン代表取締役中西敦士（33歳）　誰ももらさずに済む世界を」という記事があります。この会社は世界初の排泄予知装置「ＤＦｒｅｅ」を開発しています。超音波センサーを使うと（膀胱のふくらみを測定→データが会社のサーバーに送られグラフ化→スマートフォン（以下、スマホ）に送信）、排尿のタイミングがスマホでわかるようになります。概要は、①開発のきっかけは留学中に「うんこ」をもらしたこと。②青年海外協力隊でフィリピン滞在経験あり。ビジネスを学ぶ目的でアメリカ留学。③排泄予知の機械のアイデアにシリコンバレーの知人から試作機づくりを勧められた。④２０１４年から開発開始。⑤本人は「文系」。⑥超音波装置で便や尿のたまり具合を予測できないか、知り合いの紹介で専門家などに話を聞いたが、誰もできないとは言わなかった。⑦アメリカに住みつつ、仲間にボランティアで協力してもらった。⑧友達に投資してもらった。⑨２０１５年に日本でトリプル・ダブリュー・ジャパン設立。⑩尿意だけに特化した製品をまず開発。⑪日本、フランス、香港などの高齢者施設で実証実験。スタッフも延べ３か月ほど泊まり込み。⑫２０１７年に介護施設向けに機器、アクセスポイント、専用アプリをパッケージにしてレンタル開始。⑬介護する側だけでなく、利用者にもメリットを感じてもらえた。⑭小学校のときから起業志望。⑮国内工場で作る。⑯大便の予知は尿より難しいが、便を予知する機器も2017年中にメドをつけたい。⑰排泄に関する「ビッグデータ屋」を基軸に、寿命を含むあらゆる生体変化を予測するサービスを提供することで人々の幸せに貢献したい。

元々は、「大」を予知するセンサーを作りたかったようですが、介護現場では「小」のほうが労力的な負担がかかっていることを知り、より需要が見込め、技術的にも簡単な尿センサーの開発に切り替えたようです。研究開発型企業は、製品化される前の開発段階で予想外に時間や費用がかかり、製品化までにお金が足りなくなることがよくありますし、成果がなかなか出ないと、周囲のモチベーションも維持することができません。最終目標の前に、「成果」を出したスピード感がすごいと思います。

また、中西社長は利用できる資源は無駄なくすべて活用して、さまざまな優秀な人々を事業に巻き込めているように思えます（中西（2016）『10分後にうんこが出ます』（新潮社）に資金調達の困難や開発秘話が描かれています）。シリコンバレーの友達の話などアドバイスしてくれる友人や医者のお兄さんがいたり、開発に協力したり、お金を出してくれる友達がいたり、「思いの強さ」、「行動力」、そして「ビジネスとしての面白さと成長可能性」に人が集まっているようです。それだけではありません。2015年、「NCCベンチャーグランプリ2015」でグランプリ受賞（賞金50万円）、ニッセイキャピタルから5000万円を投資してもらい、日本のクラウドファンディングのレディーフォーでも研究開発資金の調達を試みています。２０１７年、ＮＥＤＯ（国立研究開発法人新エネルギー・産業技術総合開発機構）の「企業間連携スタートアップに対する事業化支援」で最大７０００万円の助成金が得られるようですし、[1]経済産業省「ジャパン・ヘルスケアビジネスコンテスト２０１７」で優勝しています。また、川崎市に福祉製品の認証を受け、ＤＦｒｅｅを導入する川崎市内の介護施設に最大半額の補助が出るようになったりと、製品の魅力と中西社長の夢とビジョンに共感し、友人・知人や専門家、ベンチャーキャピタル、民間企業、公的機関のすべてが味方になって協力しているような感じがします。製品の革新性だけでなく、周りにある資源を無駄なく効率的に活用し、人材に能力を発揮させています。このように、支援が支援を呼び事業展開が加速する事例が生まれてきています。

8　コンテストやマッチングイベントで国が「連携」の機会を創出

ベンチャー企業への投資・支援を行う民間のベンチャーキャピタルや政府が、ビジネスマッチングのために、ベンチャーコンテストや展示会、商談会、講演会等を開いたりしています。

コンテストで入賞することは、まだ売上などの実績がないベンチャー企業にとってはきわめて重要です。２０１７年版『中小企業白書』第2部第1章第3節では、創業後5年以上10年以内の起業家に対する経営課題に関する調査結果が紹介されていますが、創業期、成長初期においては、「資金調達」が、安定・拡大期になってくると、「質の高い人材確保」や「組織体制の見直し」など人や組織に関することが課題になってくることが示されています。また、高成長型企業は、安定・拡大期において、民間や政府系の金融機関からの借入を主に利用していますが、ベンチャーキャピタルや個人投資家、民間企業からの出資、さらにはクラウドファンディングなどを利用したかったという結果が出ています。お金以外の経営支援やマーケティング目的、民間企業との長期的な連携への期待も含めて、こういう結果になっているのかもしれませんが、そのためには、コンテストや展示会などで露出を高めて、知ってもらい、興味を持ってもらわなければなりません。うまくいけば投資家の資金や、販売先の確保につながるかもしれません。

次にベンチャー企業を対象としたコンテストを二つ紹介します。

(1)「日本ベンチャー大賞」

経済産業省主催の「第4回日本ベンチャー大賞」の募集要領には、日本ベンチャー大賞の目的として、「挑戦を称える社会意識を醸成するため、若者などのロールモデルとなるような、インパクトのある新事業を創出した起業家やベンチャー企業を内閣総理大臣が日本ベンチャー大賞として表彰します。大賞とあわせ、女性起業家賞、ベンチャーと大企業の連携賞、農業ベンチャー賞、審査員会特別賞を表彰し、起業を志す人々や社会に対し、もって社会全体の起業に対する意識の高揚を図ります」と書かれてあります。2015年1月22日に、安倍首相が「第1回日本ベンチャー大賞」

を授与していますが、このとき、大賞の総理大臣賞を受賞したのが東京大学発のベンチャー、「ユーグレナ」でした。ユーグレナはミドリムシの大量培養に成功した東京大学発のベンチャー企業です。皆さんは最近、ミドリムシ入りの食品をスーパーなどで見かけたことはありませんか。この企業は、健康食品の企業のように思えますが、ミドリムシを化粧品やバイオ燃料としても活用しています。ミドリムシでのバイオジェット燃料の実用化を全日本空輸（ANA）と、バイオディーゼル燃料ではいすゞ自動車と組んで実用化を目指しています。

2015年の「ベンチャー企業・大企業等連携賞」は、介護や医療、生産現場で人を支援する装着型ロボットを開発した、筑波大学発のベンチャー企業サイバーダイン（CYBERDYNE は第3回ベンチャー大賞を受賞）と大和ハウス工業に、2017年は、機械学習を活用したロボット（自ら学習し、協力し合いながら作業するロボット）制御技術の開発で提携していた東京大学発のAIベンチャーのプリファードネットワークス（Preferred Networks）と産業用ロボットで有名なファナック（FUNAC）に授与されました。

大企業の中からは、これまで自分たちが確立してきた技術を否定するような革新的な技術は生まれにくいですし、環境変化が激しい時代、あらゆる技術を自前で整えることが不可能になっています。そのため、外部の開発力のあるベンチャーと連携し、自分たちにない部分を補完しようと考えます。ベンチャー企業も、経営資源や経験が不足しているので、できれば大企業と連携をして、大企業の信用力や経営資源を活用したいと考えます。政府としても、こういう賞を与えて、大企業とベンチャー企業の連携を活発化させ、ベンチャーの知見を生かし、大企業からも新技術や商品・サービスが生まれ、それが加速することを期待しています。

また、大学発のベンチャーが3年連続で日本ベンチャー大賞を受賞していますが、政府は、大学等の研究成果を社会に還元しようとしています。ベンチャーキャピタルにいるキャピタリストに、研究者とともにビジネスプランを作成してもらい、研究を事業化させるという「大学発新産業創出拠点プロジェクト（START）」という支援策があるのも、大学の研究者が研究成果をビジネスに結び付けるというのが非常に困難で、ノウハウやネットワークのある人に研究開発と事業化を一体的に推進させ、大学発のベンチャーの成功事例を増やそうとしています。

(2)「ジャパンベンチャーアワード（JAPAN Venture Awards)」

他に、2000年から始まった中小企業基盤整備機構が主催する「ジャパンベンチャーアワード」があり、「革新的かつ潜在成長力の高い事業や地域の活性化に資する事業を行う志の高いベンチャー企業の経営者を称える表彰制度（中小機構ホームページ）」で、創業15年以内の中小企業が応募可能です。なお、賞金はありません。

2015年は、トライフの「オーラルピース」が最高賞の経済産業大臣賞を受賞しています。高齢になると、吐き出しがうまくできないために、歯磨き粉を飲み込んでしまい、体調を崩すことがあるようです。この「オーラルピース」は、九州大学や鹿児島大学、国立長寿医療研究センターとの共同研究で生まれた「飲み込んでも問題ない成分」でできています。値段は少し高いのですが、障害者就労施設を販売代理店とし、「障害者が働く場」を作ったということでも高い評価を受けています。株式会社ＴＥＳＳは、東北大学で事業化中止が決定していた事業の特許許諾を受けて２００８年に設立した東北大学発の研究開発型ベンチャーです。足の不自由な人にリハビリのためにあえて足を使ってもらう「足こぎ車いす」で、２０１４年に経済産業大臣賞を受賞しています。私の家の近くでも使っている人を見たのですが、リースで利用しているということでした。「インパクト」では日本ベンチャー大賞に負けるかもしれませんが、どちらも大学の技術を活用した「独創的な製品」であると同時に、「社会貢献性（そして経営者の志の高さ）」が高く評価されています。

リスクを恐れず、新しいことに挑戦する起業家を表彰することで、起業家に関心を持つ人、起業家になる人を増やそうとしています。

9　その他の支援環境

日本ベンチャー大賞にも女性起業家賞があるのですが、女性起業家支援のためのコンテストとしては、日本政策投資銀行の「ＤＢＪ女性新ビジネスプランコンペティション」があり、受賞者は最大１０００万円の事業奨励金と外部専門家のサポートが得られます。また、２０１７年、米国フェノックス・ベンチャーキャピタルが主催する「スタートアップワールドカップ」では、２０１３年創業のユニファが保育士不足をＩｏＴ（Internet of Things：モノのインターネット）で解決する園内見守りロボット「MEEBO（ミーボ）」で優勝し、賞金1億円を手にして話題になりました。他にも、毎週、木曜朝7時からトーマツベンチャーサポート、野村證券主催の「モーニングピッチ」という、ベンチャー企業と大企業の事業連携を生み出すことを目的としたプレゼンテーションイベントが２０１３年から開催されています。先述のＤＦｒｅｅも開発資金を出してくれるベンチャーキャピタルを探すために、２０１５年にプレゼンテーションを行い、アスキーの記事を通じて「口コミ」で話題になることに成功しています。

さらに、最近は海外で開催されているベンチャーのイベントに参加する日本企業が出てきていますが、ベンチャー企業がさまざまなイベントや展示会に参加するのは、投資家の支援や販売先の確保のためだけでなく、未完成でもいいから新しいものを出してみて、さまざまな人たちの「反応」を見るためでもあります。ベンチャー企業にとっては、スピードが重要なのです。

成功した起業家は、事業を売却して新たな事業を手掛ける「シリアルアントレプレナー」となる傾向があると言います。例えば、スペースX社のイーロン・マスクさんや、メルカリ創業者の山田進太郎さんはシリアルアントレプレナーとしても有名です。事業を売却したお金を元手に、さらに新しいことにチャレンジする人たちが、日本にも出てきています。また、成功した起業家が「エンジェル（投資家）」になって、ベンチャーを支援するケースも出てきています。成功した人がエンジェルになり、今度は支援する立場になります。支援してくれる人が増えると、積極的に新しいことに挑戦できるようになります。ベンチャー企業の成功事例の蓄積が、次のベンチャーを生むのです。政府が積極的にベンチャー支援体制を整えているのはこのためです。

10 柔軟な働き方で革新

政府は会社員の副業や兼業を促す方針を打ち出しています。フリーランスを優遇する税制も導入しています。人生100年時代、90歳まで働くのが珍しくない時代が来るかもしれません。組織に頼らず稼ぐ力を身につける必要も出てきます。情報漏えいや長時間労働の懸念があるため、副業を認めない大企業はまだまだ多いようですが、比較的新しい企業が、能力開発を目的とした「複業」として、別の職場で働くことを勧めるようになっています。

2017年12月25日の日経新聞朝刊のWoman & Work「トップ育休 育つ人・組織」に、育休を取得したフリーマーケットアプリを運営するメルカリの小泉文明社長（37歳）とカスタムウェディングサービスを手掛けるベンチャー企業CRAZYの森山和彦社長（35歳）の話があります。メルカリの場合は、権限委譲を進めており、チャットアプリなどで議論を社外から確認できる体制を整え、社長の判断が必要な案件以外は現場のマネージャーに判断を任せていたようです。CRAZYでは、「育休で他の人を助ける面倒見の良い人物になった」と、育休明けの社員を管理職に昇進させたり、子連れ出勤を可能とし、これまで地域が担ってきた子育てコミュニティーを社内に築いています。「柔軟な子育て支援の制度を作り、社員の帰属意識を高めている」というのです。「育休は会社に迷惑をかけるもの」という既成概念を振り払い、「育休はプラスの効果を与える」と考え、「働きやすさと成長を実感できる場」を創出しています。社内の制度設計を柔軟に変えられるのも、発想と組織の柔軟性を持つベンチャー企業ならではと思います。女性の社会進出を阻むと考えられてきた「出産」という課題に対し、新たな働き方で解決しています。

今の日本経済に求められている生産性の高い組織は、組織のメンバーがそれぞれの役割に誇りと責任を持ち、各自の能力が十分に発揮される少数精鋭の組織です。グローバル展開を目指すなら優秀な外国人が必要ですし、若者向けの市場なら若者、女性向けの市場なら女性に参加してもらう必要があるでしょう。そのためには、多様で優秀な人材が働きやすい職場環境を創出することが必要不可欠です。革新的な商品やサービスで世の中を変えるだけでなく、「働き方」においてもベンチャーが世の中を変えていきます。

11　おわりに

これまで見てきたように、支援する側は多様で厚みが出てきました。

一方で、外部からの資金や支援は、一部の有望な企業に集中する傾向があり、起業家の志や信念、事業の方向性など、共感が得られるものでないと、支援が得られにくいとも言われています。若者には、起業家を身近に感じ、ビジネスで社会貢献する意欲が芽生えるような教育が必要ですし、若いうちから世界の課題を見つけ、はじめからグローバル展開を見据えた起業をする人が増えるように、海外留学をしたり、海外の人たちの多様な考え方を理解し、協力しあえるようにするのも重要だと思います。自由な働き方を提供するのも大企業ではなかなかできないことです。革新的なアイデアと商品で世の中を変えると同時に、満足のいく働き方を提供するベンチャー企業が今後も出てきてくれればと思います。

注

[1] DFreeは、NEDOの平成27年度「シード期の研究開発型ベンチャー（STS）に対する事業化支援（ベンチャーキャピタルとの連携支援）」で助成対象となっており、平成28年度に「企業間連携スタートアップ（SCA）に対する事業化支援（事業会社との連携支援）」で助成対象となっています。

参考文献

植田浩史他（2014）『中小企業・ベンチャー企業論〔新版〕―グローバルと地域のはざまで』有斐閣コンパクト
中小企業庁（2014）『中小企業白書　2014年版　小規模事業者への応援歌』日経印刷
中小企業庁（2017）『中小企業白書　2017年版　中小企業のライフサイクル―次世代への継承―』日経印刷
中西敦士（2016）『10分後にうんこが出ます―排泄予知デバイス物語』新潮社
松田修一（2014）『ベンチャー企業〈第4版〉』日経文庫

4章

農業におけるベンチャーとは
―農業の現状から考えるベンチャービジネスと企業家精神―

追手門学院大学地域創造学部 講師　葉山 幹恭

1　はじめに：農業におけるベンチャービジネスの存在

（1）農業におけるベンチャービジネス

農業においてベンチャービジネスとは何を指すのでしょうか。

経済産業省は2015年よりベンチャー企業を表彰する「日本ベンチャー大賞[1]」を開催しています。この賞には第3回から部門賞として「農業ベンチャー賞」が設置され、近畿大学がベンチャー企業として設立した「株式会社アーマリン近大」が部門賞を受賞しました。事業はいわずと知れた同大学の養殖技術研究をもとに進められる養殖魚の販売などです。また、ほかの農業関連の挑戦的事業の展開としては、「AI（Agri Infomatics）農業」といわれる情報科学を用いた事業展開（暗黙知の状態であることが多い農作業の知識・技能を次世代に受け継ぐことや広く活用することができるよう情報科学によって可視化・運用したもの）や、水耕栽培技術を活用し気象環境に左右されず安定的かつ大規模に生産が可能となる「植物工場」などへの挑戦も見られ、産業に大きな変化をもたらすような可能性を持つ革新的な取り組みが進められています。

過去、農業において大きな変化をもたらしたのは農業の近代化です。農業政策により近代化が推し進められ大量生産を可能とする機械の導入が増加しました。機械化によって少人数でも多くの農産物を生産できる環境が整ったため、近代化に適応した農家は規模を拡大し所得を安定的にしました。しかし、その裏では多くの小規模農家が事業の転換・廃業といった選択をして、業界の状況が大きく変わりました。今の、新しい技術を農業に応用した非常に高度な農業の展開は、近代化によって農業が大きく変わっていった時代のように、農業に大きな変化をもたらす存在となることが期待されます。

(2) 農業ベンチャーの展開とその背景

期待される農業分野のベンチャービジネスですが、その展開が現在進んでいる背景は何なのでしょうか。農業技術の革新やさまざまなモノがインターネットにつながり相互にやり取りできるようになる「ＩｏＴ（Internet of Things：モノのインターネット）」による発展が影響していることは確かですが、ほかにも影響していると考えられることがあります。それは、政策により企業が農業に参入することが容易になったことです。例えば、平成21年と平成27年の農地法の改正が挙げられます。農業は農地なくして事業を進めることが難しいものですが、これまでは農家以外の農地の取得については、規制が強く、農地を確保すること自体が難しいため一般企業等にとっての参入障壁となっていました。しかし平成21年の農地法改正によって農地を貸借できる要件が緩和され、一般法人（農業法人以外）でもリースであれば農地を確保できる状態になり、平成27年の改正で農地を取得できる法人の要件が変更となったことで参入障壁はさらに低くなりました。また、内閣府が進める「国家戦略特区」により農業への参入要件を引き下げた地域を設けるなどの政策が農業ベンチャーの設立が増加している背景にあります。

2　新結合

(1)　新結合とは

「新結合」という言葉は、ご存知の人も多いと思いますが、経済学者のヨーゼフ・シュムペーターが著した『経済発展の理論』の中で、経済に大きな変革をもたらすものとしてこの「新結合(neue Kombination)」という言葉が使われました。今の一般的な表現としては「イノベーション」がこれに相当します。イノベーションといえば、技術革新という言葉をイメージする方が多いかと思います。しかし、シュムペーターは生産や組織、販路といった事業の新しい展開を含めてイノベーションととらえています。まったく新しい技術によって大きく事業や商品が変わっていくことももちろんイノベーションに違いありませんが、シュムペーターの考えを用いれば、既存の技術を用いた事業であっても、その運営をする組織を新しくすることや取引先の新開拓といったことによって、産業を大きく変化させることができるということです。

(2) 農業における新結合の重要性

新結合をなぜ紹介したのかというと、農業界の現状に関連します。前述したように、近年、農業では農地法の改正や政策による大きな変革が起きていることは確かです。しかし、それは一部の動きでしかありません。まだまだ農業全体からとらえるとその規模はわずかでしかないのです。可能性を否定するわけではありませんが、従来からの農業従事者による変革ということも農業界全体にとっては考えなければならないことだと思います。また、先に紹介したような革新的技術や知識による事業展開は、その技術・知識を持つ企業でなければなかなか開発することができません。一般的な農家にとって革新的な技術は、その可能性を期待しながら利用する時を待つしかないのです。

そこで考えるべきは企業による農業ベンチャービジネスのようなイノベーションではなく、シュムペーターのいう「新結合」からイノベーションを考えることが有効であると思います。

3　六次産業化というイノベーション

(1)　六次産業化とは

農業において近年、注目される存在としては「六次産業化」があります。六次産業化とは、「一次産業としての農林漁業と、二次産業としての製造業、三次産業としての小売業等の事業との総合的かつ一体的な推進を図り、地域資源を活用した新たな付加価値を生み出す（六次産業化・地産地消法）」ものです。例えば、果実を生産する農家がいるとします。果実を生産するだけでは一次産業ですが、生産した果実をジャムなどの商品に加工すれば二次産業となり、そのジャムを自ら販売すれば三次産業までを一体的に行うこととなりますので、一次産業×二次産業×三次産業で六次産業になるというわけです。

これまで一般的に農家は、農産物を生産するだけの生産者という存在でした。生産だけに専念して、十分に所得を得られる状態であれば問題ないかもしれませんが、現在では、ブランドや品質の優位性の高い農産物を除けば、農家が生産だけで十分な所得を得ることは難しいといえる状況です。また、農産物の生産地は地方であることが多いのですが、加工や販売の中心は都心部であることから、付加価値のより高いところが生産地ではないために、農業を盛んに行っていたとしても生産地の経済への還元が少ないといった問題もあります。さらに、経済活動が縮小すれば地方での人材確保が困難になるため、農業の生産は有名であるにもかかわらず、人手不足に陥るといったことも考えられるため、生産地での経済状況を改善していくことでその地域の農業を維持していくという観点でも必要性は高いといえます。

（2）六次産業化による新結合

六次産業化は農業の事業領域の概念を大きく変える展開です。農産物の生産以外の価値を生産地以外で作り出されていた状況を変える、まさに産業に変化をもたらす存在といえるでしょう。これをもって六次産業化による新結合といってもよいのですが、六次産業化の利点はほかにも存在します。それは、六次産業化を行うことによって別の産業への波及効果も望めるというところです。

農産物はそれだけで魅力ある地域特産物です。特産物を目当てに生産地を訪れる人も少なくなく、特に近年は地域活性化の取り組みの中で、農産物直売所などの活発化が見られ、観光における魅力の一つとなっています。観光としての魅力が増せば、地域の交流人口増加も期待できますので、農産物の販売や六次産業関連の消費にとどまらず、その他の観光や宿泊といった観光産業全体に与える影響もあります。地域経済にとっては一部の産業だけではなく、地域経済全体にメリットがあることは望ましく、前項で述べている地域経済の縮小が農業の悪影響につながることを阻止する良い影響をもたらすものといえるでしょう。

4　農業の未来に必要なイノベーション

（1）六次産業化は農業のイノベーションか

農業において六次産業化は挑戦的な取り組みです。しかし、この取り組みによって農業自体に変革をもたらすものとなるでしょうか。シュムペーターも「イノベーション」は経済に動態的変化をもたらす存在ととらえています。業界が大きく変わるような存在となると六次産業化では不十分といえるかもしれません。また、加工・販売といった分野では、既存の加工業者や販売業者による地域農産物の活用という六次産業化も進められるため、現在の農業従事者にとっては六次産業化の進展が必ずしも優位性をもたらすものであるとはいえません。

では、農業自体のイノベーションとは、産業を大きく変える力とは何なのでしょうか。やはり農業自体、特に現在の農業の多くを担っている農業従事者自身による変化が必要であると思います。しかし、すでに紹介しているＡＩ農業のような既存の農業から大きく異なる事業展開では、分野がかけ離れているため、自らが行うには経営資源が不足しすぎてしまいます。既存の経営資源で実施可能かつ不足する経営資源を補うことのできるイノベーションを行うことが重要です。

（2）連携による地域農業のイノベーション

農業従事者が経営資源の不足を補い農業のイノベーションを進めるとすれば、連携という選択をすることが合理的であるといえるでしょう。そこで、連携によって農業を変えていこうとする取り組みを二つ紹介します。

・農商工連携

地域の中で農業と商業や工業といった事業者がそれぞれの得意分野を活かした連携を行うことによって価値を高めていこうとする取り組みです。

・食料産業クラスター

地域経済の活性化を目的とした地域内の食品加工・販売などの食品企業と農業事業者による連携のことで、共同で新商品の開発や提供を進めていく取り組みです。

二つの取り組みは、いずれも地域の中でそれぞれの能力・経営資源を補完しあったり、相乗効果をもたらしたりという目的で行われます。一つの事業では規模や技術・資源といった問題で不可能なイノベーションも連携することによって可能となります。また、この二つのほかにも連携としては、企業と大学などの教育・研究機関が連携して新しい取り組みを進めようとする取り組みも行われており、地域の中で相互補完関係を築くことがより高度な農業のイノベーションを進めるには必要なことであるといえます。

5　イノベーションと企業家精神

(1) ドラッカーのイノベーション

イノベーションという言葉を聞けばシュムペーターではなく、ピーター・ドラッカーという経営学者の名前が出てくる人も多いと思います。どちらもイノベーションを単なる新しい技術の誕生によって起こる革新ではなく、物事の組み合わせによっても生じる革新もイノベーションとしてとらえていましたが、ドラッカーはそれをより経営的・実践的にとらえ、企業家がいかにイノベーションを起こしていけるかという実践的な中身について著しています。特によく知られているのは『イノベーションと企業家精神』でイノベーションの機会として挙げられた七つの項目です。

①予期せぬことの生起
②ギャップの存在
③ニーズの存在
④産業構造の変化
⑤人口構造の変化
⑥認識の変化
⑦新しい知識の出現

これらの項目を農業のベンチャービジネスで考えても、様々な点でいえることがあります。例えば、徳島県上勝町の株式会社いろどりが行っている「葉っぱビジネス」です。これは映画化もされた有名な事例で、「葉っぱビジネス」とは、日本料理などで料理に彩りとして添えられる「つま」を収穫・販売するビジネスです。現地の人にはあまり価値を感じないものであった葉っぱというものについて、きちんとニーズを把握し認識を改めたことによって地域に元気な産業を生み出したことで広く知られています。この事例から考えると、葉っぱという商品の価値についてギャップがあったこと、日本料理などにおいて高いニーズがあったこと、そして「葉っぱビジネス」の誕生の背景には、地域を襲った異常寒波により地域の農業の中心であったみかんの生産に大打撃を与えたこともあったということから、イノベーションの機会としてはドラッカーの挙げた七つの項目にも当てはまる部分が多いことがわかります。「葉っぱビジネス」も一般的なイノベーションとして考えられえるような技術革新によるものとは異なります。しかし、ここまでで述べている新結合という意味でのイノベーションであることは間違いありません。

(2) 農業従事者の企業家精神

「葉っぱビジネス」のように新しい価値を見出す存在が農業の展開としてある一方、農業経営をというものを広く考えると少なからず受け身の姿勢が感じられます。それは農業従事者による問題ではなく、保護の対象になる存在であるという経営環境による影響が大きいからではないでしょうか。事実、農業を維持することを目的に多額の国費が投入されていますし、一部の農産品は自由貿易が進められて久しい今日においても比較的高い輸入関税が課されます。農業という保護政策の下で存在する事業であることが、産業におけるイノベーションを起きにくくしている要因の一つとなっているのではないでしょうか。

しかし、経営環境というものはいつ変化が起こるか予測不可能な要素が多いものです。より多くの農業従事者が変化をイノベーションに結び付けていくような企業家精神をもって今後の農業を考えなければ、農業事業者によるベンチャービジネスの展開は困難といえるでしょう。

6　おわりに：ベンチャー型事業承継

これまで、農業に関して挑戦的な取り組みやその必要性について述べてきましたが、農業は現状やはり他産業に比べ遅れをとっていることは否めません。それは、先述している農業の近代化でもわかるように他産業は機械化が進み生産効率を上げている中、農業はその導入が遅れていたからこそ、政策として農業の近代化が支援されていました。そして、現在でもＩＣＴやＩｏＴの活用といったところで他産業よりもその導入が遅れていることが多く、今後、今よりも他産業が農業に参入しやすい状況になれば、他産業が農業の中心となることの可能性もあるように思えてきます。

企業の農業参入は農業におけるベンチャービジネスの可能性を感じさせる動きですが、すでに述べているようにそれは農業以外の分野が中心となる動きであって、これまでの農業従事者たちによるイノベーションではありません。農業従事者を中心としたイノベーションということと考えるとすれば、最後に一つ参考とできる取り組みを紹介したいと思います。それが「ベンチャー型事業承継[2]」です。

ベンチャー型事業承継は、一般的に「第二創業」といわれる現事業とは別事業を新たに展開するということで、第二創業と異なる点は、それが事業承継のタイミングであるということと、ベンチャービジネスであるということです。つまり事業を受け継ぐものが、受け継ぐときに既存事業から新しい挑戦的なビジネス展開をする場合を指しています。これは、経済産業省近畿経済産業局の事業承継の取り組みである「Next Innovation」でプロジェクトリーダーを務める山野千枝氏が提唱している言葉で、これまでイノベーションとして述べていることとつながる考えです。

ベンチャー型事業承継として紹介される事例の中には、別事業に取り組んできた子供が親の事業を継ぐ際に、前職での経験や技術・技能を活用し、親の事業を発展させたものもあり、農業においても非常に参考にすべき事例です。

農林水産省の統計データによれば、現在の農業従事者の平均年齢は66・7歳（平成29年）です。高齢化が進む農業の理由は若い世代が農業を継がないということが大きく、農業を継がない若者の多さに将来の農業を心配する面もあります。しかし、この状況をマイナスではなくプラスに考えることもできないでしょうか。農業ではなく別の仕事に就くことを選択した農家の子供は、別の事業で経験を積んだ人材です。そういった人材がわずかであったとしても、別事業での経験を活かしたベンチャー型事業承継として展開しやすい環境が整えば、シュムペーターやドラッカーのいう、イノベーションの担い手である「企業家」となる可能性があります。こういった存在が今の農業にとって必要性が増していくように思います。

注

[1] 「日本ベンチャー大賞は、若者などのロールモデルとなるような、インパクトのある新事業を創出したベンチャー企業経営者を表彰し称えることにより、起業を志す人々や社会に対し、積極的に挑戦することの重要性や起業家一般の社会的な評価を浸透させ、もって社会全体の起業に対する意識の高揚を図ることを目的としています。」(経済産業省「日本ベンチャー大賞」資料より)

[2] 「ベンチャー型事業承継」とは、経営を新たに引き継ぐ者が先代から受け継ぐ有形・無形の経営資源を活用し、新規事業、業態転換、新市場参入など新たな領域に挑戦することを表します。(経済産業省近畿経済産業局「Next Innovation」より)

参考文献

J・A・シュムペーター(著)、塩野谷祐一・東畑精一・中山伊知郎(訳)『経済発展の理論—企業者利潤・資本・信用・利子および景気の回転に関する一研究(上・下)』岩波文庫、1977年

P・F・ドラッカー(著)、上田惇生・佐々木実智男(訳)『イノベーションと企業家精神—実践と原理』ダイヤモンド社、1985年

横石知二『そうだ、葉っぱを売ろう! 過疎の町、どん底からの再生』SBクリエイティブ、2007年

5章

従業員等に対して権利確定条件付き有償新株予約権を付与する取引に関する取扱い（案）について

追手門学院大学経営学部教授　山下 克之

1 はじめに

権利確定条件付き有償新株予約権の利用が増加[1]し、平成26年7月の企業会計基準委員会の第21回基準諮問会議において、「権利確定条件付きで従業員等に有償で発行される新株予約権の企業における会計処理」が新規テーマとして提案されました。提案理由は、「ストック・オプション等に関する会計基準第8号（以下、会計基準8号）[2]」において、権利確定条件付き有償新株予約権の取扱いが明確でないとされていました。その後、企業会計基準委員会等で議論が重ねられ、平成29年5月に実務対応報告公開草案第52号「従業員等に対して権利確定条件付き有償新株予約権を付与する取引に関する取扱い（案）（以下、公開草案）」が公表されました。[3]

公開草案では、権利確定条件付き有償新株予約権は会計基準8号に拠るとされ通常のストック・オプションと同様に企業が従業員等から取得するサービスは、その取得に応じて費用として計上し、費用処理されることになります。現行の会計実務上の扱いでは、現金を対価とする新株予約権については、企業会計基準適用指針第17号「払込資本を増加させる可能性のある部分を含む複合金融商品に関する会計処理（以下、適用指針17号）」を適用し、発行時における払込金額を新株予約権として計上する処理になっており、費用処理がされていません。

公開草案に対してコメントが募集され平成29年7月までに２５３件のコメントが寄せられましたが（企業会計基準委員会２０１７f（６）１（１））、会計基準8号に拠ることに賛成するのはわずかに6件であり２０３件が反対という結果になりました（T&A master ２０１７（６頁））。その後、企業会計基準委員会等でコメントに対する対応が議論されていますが、現状（平成29年12月）において、公開草案を大幅に見直す方針は示されていません（企業会計基準委員会２０１７h（６）１、２、４、５）。

本稿においては、まず、公開草案が公表されるまでの審議で取り扱われた主要な論点及び公開草案の概要について述べます。そして、これまでの審議の展開を踏まえたうえで公開草案に対する考察を行います。これらは、今後、権利確定条件付き有償新株予約権のみならず利用方法が広がる新株予約権全般に関する会計処理についての議論を進めていくうえでの基礎的理解につながると考えます。

2　権利確定条件付き有償新株予約権とは[4]

権利確定条件付き有償新株予約権とは、「従業員及び役員（以下、従業員等）に対して、勤務条件及び業績条件等の権利確定条件が付された新株予約権を、権利確定条件を反映させた公正価値を金銭で従業員等が払い込み、有償で発行する」（企業会計基準委員会２０１４ａ（３））ものであります。一部実務書では、有償ストック・オプションとも言われていますように[5]、一般的なストック・オプションと同様に勤務条件や業績条件等の権利確定条件が付されており、従業員や役員へのインセンティブ・プランとして新株予約権が利用されています（荒井・大村２０１３（４頁）、税理士法人ＡＫＪパートナーズ２０１５（37〜38頁））。

会社法上では、一般的なストック・オプションと同様に公正価額により発行される場合は新株予約権の募集事項の決定についての取締役会決議により発行されます。権利確定条件付き有償新株予約権については、公正価額で発行されその相当額が発行時に払込されていることを挙げ、多くの実務書では報酬ではないとされており、役員としての報酬決議は不要と考えられるとしています[6]。中嶋・山田（２０１１（60頁））は、報酬でないと考える理由として、将来の利益を得る可能性がある以上、報酬に当たるという考え方がありますが、将来の利益を得る確率をもって評価した公正価値に対する金銭の払込であり何ら経済的利益を得るものではなく取締役報酬には該当しないと主張しています[7]。税務では、公正価値での取得となるため、付与対象者に対する付与時、権利行使時の課税がなく株式売却時における譲渡益課税のみとなり、税制適格ストック・オプションと同様の扱いを受けることになり、付与者にとってメリットがあるといった点が指摘されています。また、株価条件や業績条件をストック・オプションの公正価値に反映することで付与時の払込金額負担を軽減できるといった特徴が挙げられています（税理士法人山田&パートナーズ・優成監査法人・山田FAS株式会社2017（407〜408頁）、税理士法人AKJパートナーズ2015（38〜39頁））。

会計処理については、多くの実務書で会計基準8号等の適用対象ではなく費用処理する必要はないとされています。理由として、公正価値により有償で発行しているためとされています（中嶋・山田2011（58頁）、山本・櫻井2012（11頁））。さらに、発行時の時価相当額の払込が必要であり有償であり、報酬として付与した新株予約権には該当せず、会計基準におけるストック・オプションの定義が外れ、厳密にはストック・オプションではないとも述べられています（税理士法人山田&パートナーズ・優成監査法人・山田FAS株式会社2017（407頁））。

そして、現行の会計実務上の扱いでは、現金を対価とする新株予約権については平成19年4月に公表された適用指針第17号[8]が適用されるものとして、発行時における払込金額を新株予約権として計上する処理になっています（税理士法人AKJパートナーズ2015（136頁））。

このように現行の実務では適用指針17号に拠り会計処理されていますが、企業会計基準委員会の基準諮問会議において「従業員及び役員に対して有償で発行される勤務条件及び業績条件等の権利確定条件が付された新株予約権を発行した企業における会計上の取扱いが、会計基準第8号『ストック・オプション等に関する会計基準』において明確ではないため」テーマとして取り上げられました。

3　企業会計基準委員会等におけるこれまでの審議の概要

平成26年7月10日開催の企業会計基準委員会の第21回基準諮問会議において、会議のテーマとして「権利確定条件付きで従業員等に有償で発行される新株予約権の企業における会計処理」が取り上げられて以降、基準諮問会議等において以下のとおり議論されています（※21とあれば第21回を示します）。基準諮問会議：平成26年21、22、平成27年23～25、平成28年26～28、平成29年29～31。企業会計基準委員会：平成26年301、302、平成27年323、325、326、平成28年332、344、平成29年352、354、357、359、369～373。実務対応専門委員会：平成27年77～79、平成28年82、90、96、平成29年97、99、107～111。

（1）公開草案までのおもな議論

平成29年5月10日に公開草案が公表[9]されるまでの会計処理の設例を含む企業会計基準委員会での議論におけるおもな論点は以下のとおりです。[10]

①会計処理の設例

平成27年12月4日開催の第３２５回企業会計基準委員会において会計処理の設例が示されています。会計基準8号に拠った[11]会計処理が収益及び費用、純資産（資本剰余金、利益剰余金、新株予約権）に与える影響について、それぞれ勤務条件及び業績条件が付されたケースにおける事例が示されています。会計処理の概要は以下のとおりです。

業績条件を充足し、権利を行使したケースでは、付与時において、業績条件を考慮した時価での金銭の振込金額を新株予約権として計上します。付与時以降の決算期では、業績条件は時価には考慮せず、権利不確定の失効の見積数に反映させます。したがって、業績条件を充足した期に、付与時の金銭振込に追加して費用計上がされることになっています。費用計上にあっての新株予約権の評価は付与時における業績条件を考慮しない時価としています。

業績条件が充足せず、権利不確定による失効が生じたケースでは、付与時において、業績条件を考慮した時価での金銭の振込金額を新株予約権として計上した金額と同額を権利不確定になった期において、新株予約権戻入益として計上することとしています。業績条件は充足したが、権利不行使による失効が生じたケースでは、付与時において、業績条件を考慮した時価での金銭の振込金額を新株予約権として計上した金額及び権利確定までの間に費用計上した金額の合計額を権利不行使による失効をした期に、新株予約権戻入益として計上することとしています。

②ストック・オプション会計基準の適用に含めるかどうかについての検討

平成28年3月23日開催の第３３２回企業会計基準委員会では、それまでの議論を踏まえ権利確定条件付き有償新株予約権をストック・オプション会計基準の適用範囲に含めることが適切であるかどうかについての検討が行われました（企業会計基準委員会2016a（7）1の1（2））。

論点1：インセンティブ効果と労働サービスの提供との関係

参考人[12]との質疑応答では、報酬とインセンティブ効果は別であるとの意見[13]があり、従業員等へのインセンティブ効果と労働サービスの提供との関係について、業績連動賞与の支払い、従業員持株会における株式の取得、ストック・オプション付与を取り上げ、各々考察がされています。

その結果、事務局は、いずれも従業員等による将来の労働サービスに対するインセンティブ効果に結び付く可能性があるとしつつ、将来の勤務条件や業績条件の有無によって、将来の労働サービス提供への対価とみなすか、過去の労働サービスの提供に対する対価とみなすかが使い分けられているとしています。そして、権利確定条件付き有償新株予約権については、勤務条件や業績条件などの権利確定条件が付されていることにより、無償のストック・オプションと同じく権利確定日までの間のインセンティブ効果に結び付く可能性があり、ストック・オプション会計基準の第36項「量的又は質の面で追加的なサービスの提供が期待される」に該当するとしています。インセンティブ効果については、付与対象者によって様々であり、また、次の論点2で挙げられている従業員等に投資の機会を与えているという側面があるものと考えられ、無償のストック・オプションとは相違する性質があるとしています。しかしながら、権利確定条件がある場合には、ストック・オプション会計基準で想定する「企業が一定の条件を満たすサービスの提供を期待して従業員等に付与」という側面を重視すべきと考えられるとしています（企業会計基準委員会2016a（7）2の4（6））。

論点2：投資の機会と労働サービス

参考人との質疑応答では、権利確定条件付き有償新株予約権を取得する場合、従業員持株会を通じた自社の株式取得と同様に、自社の株式への投資の機会であり、付与する側にとっては「投資機会の提供」としての性格が強いと指摘されたことが挙げられています。しかしながら、事務局は、投資の機会が与えられたからといって、必ずしも企業が従業員による労働サービスの提供を認識しないことにはならないと考えるとしています。そして、従業員持株会は株式取得に当たって特段の条件を満たすことが要求されていないこと及び時価で株式を取得することを挙げ、従業員持株会は投資機会を提供するものと考えられるとしています。一方、権利確定条件付き有償新株予約権は権利確定条件が付されるため、純粋な投資機会の提供である従業員持株会とは性質が異なると考えられるとしています（企業会計基準委員会2016a（7）2の6（7））。

論点3：権利確定条件と労働サービスの提供との関係

業績条件が付され勤務条件も付されているケース、勤務条件のみが付されているケース、業績条件のみ付され勤務条件は明示されていないケースについて考察がされています。どのケースも「企業は一定の条件を満たすサービスの提供を期待して従業員に付与」しているとし、ストック・オプション会計基準の適用範囲に含めることが適切と考えるとしています（企業会計基準委員会2016a

（7）2の7（9））。

論点4：付与時の評価額と市場価格の関係

論点1における分析である「追加的なサービスの提供が期待される」及び「企業が一定の条件を満たすサービスの提供を期待して従業員等に付与」という側面を重視すべきと考えられるとしています。そのうえで、報酬性の有無について、付与時の新株予約権の評価額と市場価格の差額に注目する考えは否定されないものの、前文の考え方を採る場合、従業員等が権利確定条件付き有償新株予約権の評価額が仮に市場価格と比べて割安であると考えているか否かにかかわらず権利確定条件付き有償新株予約権の付与に関する取引には報酬性があると考えられるとしています（企業会計基準委員会2016a（7）2の9（10））。

以上の論点1から論点4を踏まえ、権利確定条件付き有償新株予約権について、ストック・オプション会計基準の適用範囲に含めることが適切であると考えられるとしています。

なお、平成28年9月9日開催の第344回企業会計基準委員会では、仮にストック・オプション会計基準を適用した場合、一般的なストック・オプションと以下の傍線部分が相違するとの明記がされています。「新株予約権の付与時に、公正な評価単価に付与した新株予約権の数を乗じて公正な評価額を算定する。新株予約権の数は、権利不確定による失効の見積数を考慮する。各会計期間における費用計上額は、当該公正な評価額から発行に伴う払込金額を差し引いた額について、対象勤務期間を基礎とする方法等に基づき、当期に発生したと認められる額を算定し、当該金額を費用として計上する」（企業会計基準委員会2016b（6）1の6（2））。

③業績条件は付されているが勤務条件が明示されていないケースについての検討

平成28年3月23日開催の第332回企業会計基準委員会では、権利確定条件付き有償新株予約権をストック・オプション会計基準の適用範囲に含める場合、業績条件は付されているが勤務条件が明示されていないケースについても検討が行われ、権利確定条件付き有償新株予約権の付与を退職までの勤務期間にわたる労働等のサービスの対価とする考え方を採用することが整合的であると考えられるとしています（企業会計基準委員会2016a（7）3の1（6））。平成28年9月9日開催の第344回企業会計基準委員会では、企業が、付与日以前の過去の労働サービスの提供に対する対価として付与していることを反証する場合には、過去の報酬として、報酬費用を付与日に認識することとし、会計処理が以下のとおり示されました。「新株予約権の付与時に、公正な評価単価に付与した新株予約権の数を乗じて公正な評価額を算定する。新株予約権の数は、権利不確定による失効の見積数を考慮する。当該公正な評価額から発行に伴う払込金額を差し引いた額を、報酬費用として一時に認識する。業績条件が達成される可能性が高くなったと判断される場合、権利不確定による失効の見積数について見直し、見直し後の新株予約権の数によった公正な評価額に基づきその期までに費用として計上すべき額と、それまでに計上した額との差額は、失効の見積数を見直した期の費用として計上する」（企業会計基準委員会2016b（6）1の10（14））。

(2) 公開草案

平成29年5月10日公開草案が公表されました。公開草案が対象とする範囲は、企業がその従業員等に対して権利確定条件が付されている新株予約権を付与する場合に、当該新株予約権の付与に伴い当該従業員等が一定の額の金銭を企業に払い込む取引が対象(公開草案第2項)であるとし、その取引は会計基準8号2項(4)[14]に定める報酬としての性格を有するものと考えられるとしています(公開草案第17項、21項)。適用する会計基準に関して、会計基準第8号第2項(2)[15]に定めるストック・オプションに該当するものとして取り扱うとされています(公開草案第4項)。会計処理は会計基準8号第4項から第9項に準拠するとされています。公開草案における会計処理は巻末参照のとおりです(公開草案第5項、6項)。

(3) 公開草案に対するコメント

①企業会計基準委員会からの質問

公開草案に対するコメントを集めるに当たって(募集期限は平成29年7月10日まで)、便宜に資するために概要が公表され、企業会計基準委員会より5つの質問が設けられています。会計基準及び会計処理に関する質問は以下の質問1と2。[16]

質問1(ストック・オプション会計基準に含まれることに関する質問)

本公開草案では、対象とする権利確定条件付き有償新株予約権を付与する取引が、ストック・オプション会計基準第2項（4）に定める報酬としての性格を持つと考えられるため、当該権利確定条件付き有償新株予約権は、企業が従業員等から払い込まれる金銭の対価及び従業員等から受ける労働や業務執行等のサービスの対価として付与するものと整理し、ストック・オプション会計基準第2項（2）に定めるストック・オプションに該当するものと提案しています。この提案に同意しますか。

質問2（会計処理に関する質問）

本公開草案では、権利確定条件付き有償新株予約権を付与する取引の会計処理について、上記のように、基本的にストック・オプション会計基準及びストック・オプション適用指針に準拠した取扱いを提案しています。この提案に同意しますか。

②コメント

コメントは253通寄せられ、平成29年8月25日にコメントの内容が公表されましたが、大部分がストック・オプション会計基準に含まれること及び会計処理案に反対するものとなっており、会計処理案に大きな影響を与えると思われる質問1に関しては203通が反対であり、質問2に関しては143通が反対でした[17]（T&A Master 2017（5～6頁））。

報酬性がないとのコメントが多く、企業会計基準委員会では報酬性がないとするコメントを次のとおり整理しています。「公正価値評価に基づいて金銭を支払っている場合、報酬性はない」、「投資制度として発行しており、労働や業務執行等のサービスの対価として給付する意図はないため報酬性はない」」、「従業員等にとって、払込金額が毀損する可能性があることから報酬性はあるとはいえない」」、「業績条件は、希薄化を懸念する株主への説明として付されており、報酬として付与していないため、本公開草案に同意しない」」。なお、報酬性がないとする観点以外では、「報酬の概念を包括的に見直すべきである」」、「報酬制度全般について、会計基準の検討を行うべきである」と記されています（企業会計基準委員会２０１７h（６）２)。

③コメントへの対応

平成29年9月7日の第１０７回実務対応委員会以降、コメントに対する対応案が検討されています[18]。平成29年11月13日開催の第３７２回企業会計基準委員会では、コメント締め切り以降開催された実務対応委員会（第１０７回～第１０９回）及び企業会計基準委員会（第３６９回～第３７１回）でのコメントに対する主な意見が開示されており、両委員会での議論では、反対のコメントが多数寄せられている公開草案を見直すような意見はありません。企業会計基準委員会のホームページ上では「現在[19]、公開草案に寄せられたコメントへの対応を検討しています。最終基準化の目標時期は定めていません」とされています。

見直しをしない意見として「寄せられたコメントについて、すでに公開草案の提案段階で検討済みの論点に対する内容が多いとすると、従来と同じように公開草案の立場に基づくコメント対応を行ったとしても、関係者の納得感を得られないのではないかという点を懸念している」」、「ストック・オプション会計基準全体の見直しを求めるコメントが寄せられているが、基準諮問会議からの提言を踏まえると、会計基準全体を見直すのではなく実務対応報告で対応することに同意する」、「従業員等に対して権利確定条件付き有償新株予約権を付与する取引については、付与対象者が従業員等に限定されている点からも、報酬としての性格を有するという考え方は否定されないと考える」等があります。

4　公開草案に対する考察

(1) 報酬性

公開草案では、権利確定条件付き有償新株予約権を付与する取引は、会計基準8号2項（2）[20]に定めるストック・オプションに該当するものとし、すなわち同号2項（4）[21]に定める労働や業務執行等のサービスの対価として従業員等に報酬として給付されるものであると定められています（公開草案4項）。したがって、2項（4）に定める報酬としての性格を有しているかと考えるのか否かが論点となる（公開草案16項）とされています。

従業員等が一定の額の金銭を企業に払い込むという点で、資金調達としての性格や投資の機会の提供としての性格を有すると考えられるとしているものの、企業が従業員等に対して勤務条件及び業績条件が付されている有償新株予約権を付与する場合、以下の理由によりストック・オプション会計基準第2項（4）に定める報酬としての性格を併せ持つと考えられるとしています（公開草案

17要旨）。

①権利確定条件付き有償新株予約権は、その付与に伴い従業員等が一定の額の金銭を企業に払い込むという特徴を除けば、ストック・オプション会計基準を設定した当初に主に想定していたストック・オプション取引（付与に伴い従業員等が一定の額の金銭を企業に払い込まない取引）と類似している（公開草案17（1））。

②ストック・オプション会計基準第23項において、「従業員等に付与される自社株式オプションは、一般的に報酬としての性格を持つと考えられる」とされており、企業は引受先を従業員等に限定して権利確定条件付き有償新株予約権を付与するため、基本的には、企業は追加的なサービスの提供を期待しているものと考えられる（公開草案17（2））。

③追加的なサービスを期待しているとする根拠の列挙

・権利確定条件付き有償新株予約権の付与はインセンティブ効果が目的だから追加的なサービスを期待している（公開草案17（3）要旨）。

・追加的なサービスを期待せずに付与することは合理的に説明できない。よって追加的なサービスを期待している（公開草案17（4）要旨）。

・業績条件を満たすまでインセンティブ効果に結び付くので、企業は追加的なサービスを期待して付与している（公開草案17（4）要旨）。

・従業員が割安と考えて募集に応じる場合、業績条件が満たされないと権利が得られず、業績達成のインセンティブ効果があり、企業は追加的なサービスの提供を期待して付与している（公開草案17（5）要旨）。

④追加的なサービスの提供がされるから報酬として位置付ける主張の展開

・失効の見積数に重要な変動が生じる場合、変動後の見積数により公正な評価額を変更することとなる。この結果として算出された公正な評価額の増加分は、業績達成のインセンティブ効果を反映するものであり、権利確定日までの追加的なサービスの提供と考えられるため、報酬としての性格を有すると考えられる（公開草案18要旨）。

右記にて報酬性があるとする主張について、以下のとおり考えます。

①について：「一定の額の金銭を企業に払い込むという特徴を除けば」としていますが、この特徴こそが従来のストック・オプションとの相違であるにもかかわらず、類似しているとしストック・オプション同様に報酬としての性格を持つとしています。特徴があるから類似としていないとも言え、類似とする結論が先にありきで合理的な理由とは考え難いと考えます。

②について：文章の論理構成が不明確です。企業は引受先を従業員等に限定して権利確定条件付き有償新株予約権を付与しており、そのような自社株式オプションのひとつである権利確定条件付き有償新株予約権は報酬としての性格を持つと考えられると解することはできます。しかしながらそのことが、企業は追加的なサービスの提供を期待しているものと考えられると限定する論理展開

に飛躍があります。さらに「企業は追加的なサービスの提供を期待している」ことが報酬性を認識する理由とするには無理があります。

③と④について：②と同様「企業は追加的なサービスの提供を期待している」ことが報酬性を認識する理由であるとするのは精緻な論理展開とは思えません。また③のインセンティブがあることがすなわち企業は追加的なサービスの提供を期待していることになることの論証が乏しいと考えます。

現状の公開草案において、報酬性があるとする論理には無理があるように感じられます。特に、インセンティブ、追加的なサービスの提供、報酬との関連性が明瞭でなく、一部コメントが指摘するように、インセンティブや報酬の定義を明確にすることが必要であるのではないかと考えます。

(2) 公正価値

権利確定条件付き有償新株予約権の付与時の公正単価に対する考え方が、第325回の設例と公開草案との間で違いがあります。第325回の設例では、適用指針17号に基づく会計処理における公正単価の評価と同様な評価をしており、公正単価に業績条件が反映されたものとされています。[22]一方、公開草案では、会計基準8号に準じ、公正単価に業績条件、勤務条件を含めず、それらの未達による失効は、失効の見積り数に反映する処理になっています。[23]公正単価に業績条件、勤務条件による失効を正確に反映できないとの認識を会計基準設定側[24]が持っており、業績条件を反映できることが前提の適用指針17号に準じた会計処理を記した設例との差異が生じています。
仮に権利確定条件付き有償新予約権は報酬であるとした場合は、公開草案は会計基準8号に準じており、現行の会計基準8号を前提とする限りにおいて整合性のある処理です。しかしながら、将来、仮に業績条件及び勤務条件を含めた公正単価の算定を前提とするのであれば、報酬性の有無にかかわらず、適用指針17号に拠る会計処理も可能となると考えます。[25]
会計基準8号6項（2）では「ストック・オプションは、通常、市場価格を観察することができないため、株式オプションの合理的な価額の見積りに広く受け入れられている算定技法を利用することとなる。算定技法の利用に当たっては、付与するストック・オプションの特性や条件等を適切に反映するよう必要に応じて調整を加える。ただし、失効の見込みについてはストック・オプション数に反映させるため、公正な評価単価の算定上は考慮しない」とされています。そして、市場取引に用いられていることを理由に48項で「例えば、ブラック・ショールズモデル式や二項モデル等が考えられる」として、これらの技法を公正な評価単価の算定に利用することにしています。一方、適用指針11号で「算定技法は今後も進化していくものと考えられるため、適用指針において、特定の算定技法の採用を具体的に定めることは必ずしも適切とはいえない」としています。
具体的に定めないのであれば、適宜見直す必要があり、業績条件の扱いに適用指針17号に基づく実務との見解の相違があり、失効の扱いを含め公正単価及び公正評価の在り方について適用指針11号の「具体的に定めることは必ずしも適切でない」ことへの対応手続きも含め議論されるべきと考えます。[26]

5　おわりに

公開草案に寄せられた253件のコメントのうち、203件が会計基準8号に含まれることに反対で賛成はわずかに6件でした。企業会計基準委員会は現時点では、コメントへの対応案を具体的には示しておらず、公開草案を見直す方針も示していません。

報酬性の有無は、報酬やインセンティブの概念定義を明確にすることが必要であり、基準上定義が明確にされれば不本意とする当事者も納得せざるを得ないものと考えます。いわば「決め」の問題であると考えます。

公正評価については、現行の会計基準8号では、勤務条件、業績条件を公正単価に含めず、失効数の見積もりとしていますが、市場性のない単価算定に拠って公正単価としており、一般のストック・オプションの評価でもいえることですが、失効の見積もりを含め恣意性が反映される可能性があります。[27] 市場性の観点からの公正性はなく、また、会計基準上仔細な評価モデルの「決め」が定められておらず、「具体的に定めることは必ずしも適切とはいえない」とも記されています。現行の会計基準8号も含め、会計基準上において、公正評価の仔細な取り決めや定期的な見直しの手続きを定めることや、監査人の知識の向上、公的第三者評価機関の設定等より公正性が確保できる体制を整備する必要があると考えます。[28]

【参考：公開草案】

○**権利確定日以前の会計処理**（**公開草案第5項**）

（1）権利確定条件付き有償新株予約権の付与に伴う従業員等からの払込金額を、純資産の部に新株予約権として計上する。

（2）権利確定条件付き有償新株予約権の付与に伴い企業が従業員等から取得するサービスは、その取得に応じて費用として計上し、対応する金額を、当該権利確定条件付き有償新株予約権の権利の行使又は失効が確定するまでの間、純資産の部に新株予約権として計上する。

（3）各会計期間における費用計上額として、権利確定条件付き有償新株予約権の公正な評価額から払込金額（（1）参照）を差し引いた金額のうち、対象勤務期間を基礎とする方法その他の合理的な方法に基づき当期に発生したと認められる額を算定する。当該権利確定条件付き有償新株予約権の公正な評価額は、公正な評価単価に権利確定条件付き有償新株予約権数を乗じて算定する。

（4）権利確定条件付き有償新株予約権の公正な評価単価の算定は、次のとおり行う。

①公正な評価単価は付与日において算定し、ストック・オプション会計基準第10項（1）に定める条件変更の場合を除き見直さない。

②権利確定条件付き有償新株予約権の公正な評価単価における算定技法の利用については、ス

トック・オプション会計基準第6項（2）に従う。なお、失効の見込みについては権利確定条件付き有償新株予約権数に反映させるため、公正な評価単価の算定上は考慮しない。

（5）権利確定条件付き有償新株予約権数の算定及びその見直しによる会計処理は、次のとおり行う。

① 権利確定条件付き有償新株予約権数は、付与日において、付与された権利確定条件付き有償新株予約権数（以下「付与数」）から、権利不確定による失効の見積数を控除して算定する。

② 付与日から権利確定日の直前までの間に、権利不確定による失効の見積数に重要な変動が生じた場合、これに伴い権利確定条件付き有償新株予約権数を見直す。権利確定条件付き有償新株予約権数を見直す場合、見直し後の権利確定条件付き有償新株予約権数に基づく権利確定条件付き有償新株予約権の公正な評価額から払込金額（（1）参照）を差し引いた金額のうち合理的な方法に基づき見直しを行った期までに発生したと認められる額（（3）参照）と、これまでに費用計上した額（当該見直しの直前の権利確定条件付き有償新株予約権数に基づく権利確定条件付き有償新株予約権の公正な評価額から払込金額（（1）参照）を差し引いた金額のうち合理的な方法に基づき計上した額（（3）参照））との差額を、見直しを行った期の損益として計上する。

③ 権利確定日には、権利確定条件付き有償新株予約権数を権利の確定した権利確定条件付き有償新株予約権数に修正する。権利確定条件付き有償新株予約権数を修正する場合、修正後の権利確定条件付き有償新株予約権数に基づく権利確定条件付き有償新株予約権の公正な評価額から払込金

額（(1) 参照）を差し引いた金額と、これまでに費用計上した額（当該修正の直前の権利確定条件付き有償新株予約権数に基づく権利確定条件付き有償新株予約権の公正な評価額から払込金額（(1) 参照）を差し引いた金額のうち合理的な方法に基づき計上した額（(3) 参照））との差額を、権利確定日の属する期の損益として計上する。

(6) 新株予約権として計上した払込金額（(1) 参照）は、権利不確定による失効に対応する部分を利益として計上する。

○権利確定日後の会計処理（公開草案第6項）

(1) 権利確定条件付き有償新株予約権が権利行使され、これに対して新株を発行した場合、新株予約権として計上した額のうち、当該権利行使に対応する部分を払込資本に振り替える。

(2) 権利不行使による失効が生じた場合、新株予約権として計上した額のうち、当該失効に対応する部分を利益として計上する。この会計処理は、当該失効が確定した期に行う。

注

[1] 企業会計基準委員会事務局の調べでは、平成22年1月から平成29年2月までに303社で該当する取引が行われています（企業会計基準委員会2017d（4）1の1（1））。

[2] 適用指針として企業会計基準適用指針第11号「ストック・オプション等に関する会計基準の適用指針（以下、適用指針11号）」。

[3] 併せて「コメントの募集及び本公開草案の概要（以下、公開草案概要）」、企業会計基準適用指針公開草案第57号「払込資本を増加させる可能性のある部分を含む複合金融商品に関する会計処理（案）（以下、適用指針公開草案57号）」が公表されています。

[4] 第2項及び第3項（1）は拙著（2017）から要旨を抜粋し、一部を修正し再掲しています。

[5] 荒井・大村2013（300頁）、税理士法人山田&パートナーズ・優成監査法人・山田FAS株式会社（2017）（407〜

408頁）等。

[6] 報酬でないとし役員としての報酬決議は不要と解していたものに、高田（2013）（291頁）、中嶋・山田（2011）（58頁）、山本・櫻井（2012）（13頁）、税理士法人AKJパートナーズ（2015）（38～39頁）。

[7] 中嶋・山田（2011）（60頁）に拠れば、実際の発行事例においては、取締役報酬に該当するとし株主総会で報酬決議をした企業もあります。

[8] 企業会計基準第10号「金融商品に関する会計基準」における「Ⅶ．複合金融商品」のうち、「1．払込資本を増加させる可能性のある部分を含む複合金融商品」を適用する際の指針を定めることを目的にしたものです。適用指針17号が適用の範囲とするものは、払込資本を増加させる可能性のある複合金融商品とし、さらにその複合金融商品に関連する新株予約権及び自己新株予約権も対象としていますが、新株予約権については、現金を対価として受け取り、付与されるものに限るとされています（適用指針17号2項）。

[9] 平成29年4月28日の第359回企業会計基準委員会において、公開草案の公表が承認されています。

[10] 企業会計基準委員会では、会計基準8号に拠る場合の開示、適用時期、経過的な取り扱い等についても議論されていますが、本稿ではそれらについては取り上げません。

[11] 適用指針17号に拠る処理も併せて示されていますが、公開草案において会計基準8号に拠ることとされており、本稿では会計基準8号に拠った場合の議論をおもに取り上げます。

[12] 権利確定付き有償新株予約権に関する業務を取り扱っている株式会社プルータス・コンサルティング。

[13] 参考人は報酬とインセンティブは別というのが発行会社の考え方であり、一般的な概念であると考えられると説明しています。そして、無償で付与する場合は付与時点の新株予約権の価値が報酬に当たり、有償で付与する場合は企業価値の向上に向けたインセンティブを期待しているとしています（企業会計基準委員会2015b（6）3（3））。また、参考人はインセンティブを与えることは動議づけを意味するものとして、共通するものとして有償及び無償の新株予約権、持株会、ESOPを挙げています。そして、インセンティブは、役員や従業員の任意の意欲であり、実際に働くか否かも彼ら次第であり、企業側も、どの程度彼らに期待しているのか様々ではないかと述べています（企業会計基準委員会2016a（7）2（2））。

[14] 第2項（4）「報酬」とは、企業が従業員等から受けた労働や業務執行等のサービスの対価として、従業員等に給付されるものをいいます。

[15] 第2項（2）「ストック・オプション」とは、自社株式オプションのうち、特に企業がその従業員等に、報酬として付与するものをいいます。ストック・オプションには、権利行使により対象となる株式を取得することができるというストック・オプショ

ン本来の権利を獲得することにつき条件が付されているものが多い。当該権利の確定についての条件には、勤務条件や業績条件があります。

[16] ほかに質問3注記に関する質問、質問4適用時期及び経過措置に関する質問、質問5その他。

[17] 「質問1：賛成6、反対203、その他1、賛否への言及なし43」、「質問2：賛成6、反対143、その他0、賛否への言及なし104」、「質問3：賛成5、反対110、その他0、」、「質問4：賛成8、反対103、その他3、賛否への言及なし139」(T&A Master（2017）（5～6頁）)。

[18] おもなコメントに基づく「コメントの概要」は開示されていますが、「コメントへの対応（案）」については空欄となっており、現段階では開示がされていません。

[19] 平成29年12月10日確認（https://www.asb.or.jp/jp/project/project_list/pj-20141119.html）。

[20] 脚注15参照。

[21] 脚注14参照。

[22] 設例では、適用指針17号に拠る場合、勤務条件は公正単価に含めていません。拙稿（2017）における調査では、実際の発行事例で、公正単価に勤務条件を含めているか否か不明確のケースが多いです。

[23] 公開草案は、国際会計基準と同じ処理（IFRS2 par.19）。なお、国際会計基準（IFRS2 IG24）では、付与日の公正価値に勤務条件、業績条件を含めるか否かについて以下のとおり示されていることが第344回企業会計基準委員会の資料に掲載されています。勤務条件：付与日の公正価値に含めない。株式市場条件である業績条件：付与日の公正価値に含める。その他の業績条件：付与日の公正価値に含めない。

[24] 「ストック・オプションに共通する特性として、譲渡が禁止（又は制限）されていることや権利不確定による失効の可能性を挙げることができるが、後者の特性に関しては、ストック・オプション数として見積る」（適用指針11号41項及び会計基準8号6項（2））。

[25] 中村（2017）（222頁）は「業績条件を組み込んだ評価モデルが広く普及し、一般的なモデルとして確立すれば、ストック・オプション会計基準においても、これを「公正な評価単価」と認めざるをえなくなる」との見解を示しています。

[26] 岩田（2017）は、国際会計基準では公正単価の算定に業績条件、勤務条件は含めないが、株式市価条件は含めることとされていることを記したうえで、日本基準の会計基準8号6項と51項においては、株式市価条件を評価単価に反映できるか否かが曖昧な表現になっており、「修正を検討すべき」としています。

[27] ストック・オプション評価における裁量の余地について草野（2014）はおもに米国での先行研究に拠り述べています。同様

な研究に椎葉・瀧野（2010）（89～107頁）。

[28] 日本銀行金融研究所開催のワークショップ「公正価値評価の拡大が会計の契約支援機能に与える影響について（座長：徳賀芳弘）」にて参加者である日本たばこ産業株式会社経理部長柏倉秀亮氏は会計処理における公正価値評価について「公正価値評価の範囲が拡大し、一般的ではない公正価値評価手法を使用せざるを得ない状況等が生じた場合には、会計数値をチェックする監査や社内のガバナンスにおいて問題が生じる可能性は否定できない」と述べています。

参考文献

荒井邦彦・大村健（2013）『第2次改定版　新株予約権・種類株式の実務―法務・会計・税務・登記』第一法規。

岩田悦之（2017）「予約権評価のブラックボックス問題（第3回）有償ストック・オプション評価：会計基準上の問題点」『企業会計』69（122～128頁）。

企業会計基準委員会（2005）『企業会計基準第8号「ストック・オプション等に関する会計基準」』。

企業会計基準委員会（2005）『企業会計基準適用指針第11号「ストック・オプション等に関する会計基準の適用指針」』。

企業会計基準委員会（2007）『企業会計基準適用指針第17号「払込資本を増加させる可能性のある部分を含む複合金融商品に関する会計処理」』。

企業会計基準委員会（2008）『最終改正企業会計基準第10号「金融商品に関する会計基準」』。

企業会計基準委員会（2014a）『第21回基準諮問会議議事概要』。

企業会計基準委員会（2014b）『第22回基準諮問会議議事概要』。

企業会計基準委員会（2015a）『第325回企業会計基準委員会の概要』。

企業会計基準委員会（2015b）『第326回企業会計基準委員会の概要』。

企業会計基準委員会（2016a）『第332回企業会計基準委員会の概要』。

企業会計基準委員会（2016b）『第344回企業会計基準委員会の概要』。

企業会計基準委員会（2017a）『企業会計基準適用指針公開草案第57号「払込資本を増加させる可能性のある部分を含む複合金融商品に関する会計処理（案）」』。

企業会計基準委員会（2017b）『コメントの募集及び本公開草案の概要』。

企業会計基準委員会（2017c）『実務対応報告公開草案第52号「従業員等に対して権利確定条件付き有償新株予約権を付与する取引に関する取扱い（案）」』。

企業会計基準委員会（2017d）『第357回企業会計基準委員会の概要』。

企業会計基準委員会（2017e）『第359回企業会計基準委員会の概要』。

企業会計基準委員会（2017f）『第369回企業会計基準委員会の概要』。

企業会計基準委員会（2017g）『第372回企業会計基準委員会の概要』。

企業会計基準委員会（2017h）『第373回企業会計基準委員会の概要』。

草野真樹（2014）「公正価値評価の拡大と会計の契約支援機能」『金融研究』33（1）（61～110頁）。

椎葉淳・瀧野一洋（2010）「ストック・オプションの評価誤差—理論・実証研究からの示唆」『名古屋商科大論集』54（2）（89～107頁）。

税理士法人AKJパートナーズ（2015）『立場別・ステージ別　ストック・オプションの活用と実務〈第3版〉』中央経済社。

税理士法人山田&パートナーズ・優成監査法人・山田ビジネスコンサルティング株式会社（2017）『新株予約権の税・会計・法律の実務Q&A〈第7版〉』中央経済社。

T&A master（2017）「ニュース特集 公開草案にコメント253件 大部分が反対を表明　有償新株予約権の行方」『Tax & accounting』707（4～7頁）。

高田剛（2013）『実務家のための役員報酬の手引き』商事法務。

中嶋克久・山田昌史（2011）「有償ストック・オプション発行上の留意点」『経理情報』1283（57～62頁）。

中村慎二（2017）『新しい株式報酬制度の設計と活用—有償ストック・オプション&リストリクテッド・ストックの考え方』中央経済社。

日本銀行金融研究所（2013）『公正価値評価の拡大が会計の契約支援機能に与える影響について』J—7。

前田啓（2017）「ASBJ解説　実務対応報告公開草案第52号「従業員等に対して権利確定条件付き有償新株予約権を付与する取引に関する取扱い（案）」等の概要」『旬刊経理情報』1483（34～37頁）。

山下克之（2017）「権利確定条件付き有償新株予約権」『追手門経営論集』23（1）（1～19頁）。

山本成男・櫻井秀憲（2012）「株式報酬型・業績連動型・有償新株予約権　中長期インセンティブとしての制度設計ポイント」『経理情報』1326（10～15頁）。

International Accounting Standards Board. 2004. *IFRS 2 Share-based Payment.*

（付記）本稿は、日本学術振興会科学研究助成事業（学術研究助成基金助成金）（「基盤研究（C）」課題番号：15K03799）の研究成果の一部である。

6章

ベンチャービジネスと事業計画
―管理会計の活用―

追手門学院大学経営学部講師　井上秀一

1　はじめに

本章のテーマは、「ベンチャービジネスと事業計画」です。ベンチャービジネスに対するよくある誤解の1つは、「新規的・革新的なアイデアがあれば儲けることができる」というものです。確かに、既存事業を覆すようなアイデアを「実現」できれば儲けることができるかもしれません。しかし、仮にアイデアを実現できたとしても、「継続」して儲けることができなければ、事業として成立しません。単発のプロジェクトで終わってしまいます。アイデアを単なる思いつきではなく事業として成立させるためには、そのアイデアの「実現可能性」や「継続可能性」が重要になります。銀行や投資家は、その会社（事業）が投資対象として適切か否かを判断し、投資を行いますので、実現可能性や継続可能性が低い事業には投資を行いません。もし、投資先が事業に失敗し、倒産した場合、投資を行った銀行や投資家は大きな損失を被るため、投資の意思決定は慎重に行います。一方、資金調達を行いたい経営者は、自分が考えた事業がいかに「経済合理的」であるかを銀行や投資家に説得する必要があります。経済合理的という言葉を使用した理由は、感情論だけでは説得力がないからです。確かに、事業に熱い思いを持つことは重要ですが、銀行や投資家は経済合理的に投資の意思決定を行いますので、感情論では説得しきれません。

そこで、事業の経済合理性を示すための材料の1つとして用いられるものが「事業計画（ビジネスプラン）」です。事業計画は、事業の目的や目標を定め、それらを達成するための計画を示したものです。なぜその事業を行うのか、その事業を行うために必要なものは何かを明らかにした上で、時間軸に沿って1つ1つの項目（例えば、収益性、市場性など）を具体的な数字で示す必要があります。事業計画においてとくに重視される部分は収益性を中心とした会計項目です。例えば、1年間でどれだけの利益を上げる必要があるのか、その利益を達成するために売上をいくら上げなければならないのか、費用はいくらに抑えるのかについての具体的かつ精緻な目標を定めなければなりません。大雑把な数値目標は許されません。それでは経済合理性を欠いた計画になってしまうからです。このような会計的な目標を設定するためには、経営のための会計である管理会計の知識が必要になります。

本章では、まずベンチャー企業の概要として、ベンチャー企業の特徴について説明し、ベンチャー企業の経営上の課題を示した後、事業計画と管理会計について説明します。

2 ベンチャー企業の概要

(1) ベンチャー企業の特徴

ベンチャー企業は大企業と比較して様々な特徴があります。例えば、秋山(2007)[(1)]では、多くの論者に共通している代表的な特徴として以下の項目があげられています。

①事業に新規性や革新性があること。
②事業にリスクがあること。
③企業が成長志向であること。とくに成長意欲の強い起業家に率いられていること。
④株式公開や株式上場を目指していること。
⑤個人の自己実現を目指していること。
⑥大企業に比べ機動性に優れていること。

ベンチャー企業の長所は、組織の規模が小さいため、迅速な意思決定や行動が可能であり、チャレンジングな事業に取り組みやすいことです。しかし、経営資源(ヒト・モノ・カネ)が不足しており、事業にリスクがあるため、倒産リスクが大企業と比べて高いという短所があります。一方、大企業では組織の規模が大きいため、1つの物事を決めるために様々な階層の様々な部署が会議を行い、全体的な意思統一を図らなければならず、計画を実行するまでに時間がかかるという短所はあるものの、豊富な経営資源を活用し、安定的な経営を行えるという長所があります。すなわち、ベンチャー企業は大企業と比較し、新規的な事業を機動的に行える反面、経営資源が不足しており、倒産リスクが高いという特徴があるといえます。

(2) ベンチャー企業の特徴の経営上の課題

ベンチャー企業の特徴を鑑みると、事業自体にリスクがあり、かつ、事業を実現し、継続するための資源が不足しているという経営上の課題があるといえます。例えば、本橋(2015)[(2)]では、ベンチャー企業のような中小企業における経営上の課題として、以下の項目があげられています。

①経営資源が十分でなく、そのためとくに資金繰り・資金管理に余裕がない。
②予算管理等の月次ないし四半期の短いサイクルでの業績管理の仕組みが不十分。
③正確な売上高や仕入高、売上原価等の管理がきちんと行われていない。
④部門別業績管理が十分に行われていない。

これらの課題を解決するための1つの方法は、管理会計を活用しながら精緻な事業計画を策定した上で、正確な会計的管理を行うことです。

3　事業計画（ビジネスプラン）の概要

本節では、事業計画の概要について説明します。事業計画はベンチャー企業に限った話ではありません。ベンチャー企業だけでなく、大企業においても必要なものです。そこで、本節では、事業計画の各項目の説明にあたり任天堂とソニーを例にあげて説明します。まず事業計画とは、事業の目的や目標を定め、それらを達成するための計画を示したものです。事業計画は、アイデアを実現するための具体的なプロセスが示されたものであり、例えば、以下の項目が求められます。

①事業の理念、目的、背景
②新規性、優位性、市場性
③収益性
④実現可能性、将来性
⑤社会貢献性

①の事業の理念、目的、背景は、なぜその事業を行うのか、その事業を行うに至った経緯は何かについてです。事業計画においてはまず、その事業の目的が問われます。目的のないまま事業を行うことは、あてのない旅をするようなものなので、いきあたりばったりの経営に陥ってしまいます。目的をあらかじめ明確にしておき、目的適合的に経営を行う必要があります。そのため、目的に応じて取りうる戦略も変わってきます。例えば、任天堂の企業理念は次のように述べられています。

「『世の中の人々を、商品やサービスを通じて笑顔にしていく』という信念のもと、年齢・性別・過去のゲーム経験を問わず、誰もが楽しめる商品を提案することで『ゲーム人口を拡大する』ことを基本戦略としてきました。[3]」

任天堂はこのような理念があるため、スーパーマリオをはじめとした若年層向けのアクションゲームだけでなく、脳トレなどの高齢層向けのゲームも提供しています。一方、ソニーの企業理念は次のように述べられています。

「ユーザーの皆様に感動をもたらし、人々の好奇心を刺激する会社であり続ける。テクノロジー・コンテンツ・サービスへの飽くなき情熱で、ソニーだからできる新たな「感動」の開拓者になる。[4]」

ソニーはこのような理念があるため、任天堂とは異なり、全年齢を対象としているわけではなく、プレイステーション4やプレイステーションVR等の最先端の技術を用いた製品を提供しています。任天堂とソニーのように、理念が異なると、取りうる戦略が変わってきます。そのため、事業を行うにあたっては、あらかじめ目的を明確に定める必要があります。

②の新規性、優位性、市場性は、その事業が既存事業と比較して何が新しいのか、どのような点で優れているのか、需要がどれだけあるのかについてです。既存事業と同じ内容であれば、既存事業の二番煎じになります。すでに市場シェアを獲得しており、ノウハウもある既存事業の方が有利なため、既存事業とどのように差別化を行うのかについて説明が求められます。また、事業として

は新しくても需要がなければ儲からないため、どのような顧客をターゲットとするのか、需要がどれだけあるのか、その予測を行う必要があります。例えば、ソニーはこれまで前述の理念のもと、プレイステーションをはじめとした高性能のゲーム機を提供してきました。高性能なゲーム機を作るためには、高性能なハードウェアが必要になりますが、その開発には膨大な研究開発費用と長期にわたる研究開発期間が必要です。そこで、任天堂は、ゲーム機のハードとしての高性能さではなく、Nintendo 3DSやWii Uなどの新しいユーザーインターフェースを開発し、市場シェアの獲得を目指しました。実際ソニーがプレイステーション4を提供する前に任天堂はこれらの製品で市場シェアを獲得しています。このように、競合他社と比較してどのように差別化を行っていくかが事業計画上重要です。

③の収益性は、その事業を行うことでどれだけの利益を上げることができるのかについてです。どれだけ優れたアイデアであったとしても、儲からなければ事業を実現することはできませんし、仮に実現したとしても継続することはできません。利益（儲け）は、収益から費用を差し引いて計算されます。例えば、1個40円のものを100円で販売したとしましょう。この時、収益（売上）は100円、費用は40円、利益は60円になります。いわゆる儲けは60円であり100円ではありません。収益性を経済合理的に示すためには、その事業を行うことによって、利益をいくら上げることができるのかを収益と費用に分けて説明する必要があります。例えば、目標利益を70円とした場合、（ア）費用は40円のままで売上を110円にする、（イ）売上は100円のままで費用を30円に

する、（ウ）売上を105円にし、費用を35円にする、というようにいくつかのパターンが考えられます。利益の計算式からわかるように、利益を最大化するためには、売上を上げ、費用を削減する必要があります。事業計画においては、目標となる利益を設定し、その利益を達成するために具体的にどのような方策を取るのかについて明確にする必要があります。例えば、10，000円の利益を上げるために、販売単価、販売量、製品の原価をいくらに設定しなければならないのか、その販売量を達成するためにどのように広告を行うのか、そのために必要な広告宣伝費はいくらか等をすべて計算する必要があります。

④実現可能性、将来性は、その事業は本当に実現可能なのかどうか、実現したとして、継続して発展させることができるのかについてです。実現可能性や将来性を経済合理的に説得力のある形で説明するためには、①～③を踏まえた上で、今後の方針を説明する必要があります。例えば、任天堂はこれまでNintendo Switchや3DSなどのハードと、ゼルダの伝説やスプラトゥーンなどのソフトを提供してきました。しかし、スマートフォンとアプリの普及に伴い、これらコンシューマーゲームのシェアは、ガンホーのパズル&ドラゴンズや、ミクシィのモンスターストライク等をはじめとするソーシャルゲームに奪われるようになってきました。そこで、任天堂はポケモンGOを提供し、ソーシャルゲーム市場に参入することで収益性を確保しています。このように既存のコンシューマーゲーム事業を踏まえた上で、新しいソーシャルゲーム事業に参入することによって、ゲーム事業全体のシェア獲得を図っています。任天堂の2015年度の有価証券報告書(5)によれば、ソーシ

ャルゲーム事業の開発について次のように述べられています。
「誰もが楽しめるような新しい驚きや楽しさを持った娯楽を提案することで、世界中の一人でも多くの人々を笑顔にしたいとの考えのもと、様々な企業・団体などの協力も得て、主に携帯ゲームとホームコンソールゲームのハードウェア及びソフトウェアの研究開発活動を積極的に行っています。(中略) 新たにスマートデバイス向けソフトウェアの研究開発体制を構築し、スマートデバイス向けのアプリケーションソフトウェアの企画、開発及びバックエンドサーバーシステムの開発を推進しています。」(15頁)
任天堂は、積極的にアプリ開発を行うというよりもむしろ既存事業であるコンシューマー事業の延長線上にあると捉えています。事業計画においては、実現可能性、将来性について、既存事業を踏まえた上でどのように今後の事業を発展させるのかについて示す必要があります。
⑤の社会貢献性は、その事業を行うことによってどのように社会に貢献することができるのかについてです。確かに、アイデアを事業として実現し、それを継続するために利益を追求することは非常に重要です。しかし、一方で、企業は社会に与える影響も大きいため、その企業が社会的な責任 (Corporate Social Responsibility：CSR) を果たすことも求められます。例えば、利益を追求するあまり環境に全く配慮しない企業や、ブラック企業と呼ばれるような従業員を酷使する企業は、社会から批判されるようになっています。そのため、事業計画においては、事業の収益性だけでなく、社会にどのように貢献するのかについて説明が求められます。例えば、ソニーでは、CSRに

ついて次のように考えられています。

「ユーザーの皆様に感動をもたらし、人々の好奇心を刺激する会社であり続ける」というミッションのもと、イノベーションを通じて持続的に高収益を実現し、社会に新たな価値を提供する企業を目指し、事業活動を行っています。（中略）そうした取り組みの中で生まれた製品・サービスには、学校教育の現場や科学館における子どもたちのＳＴＥＭ教育（Science, Technology, Engineering, Mathに重点を置いた教育）への活用につながるものや、（中略）２０５０年までに自社の事業活動及び製品のライフサイクルを通して「環境負荷ゼロ」を達成することを長期的ビジョンとして掲げており、この達成に向けて、環境に配慮した製品・サービスの創出やバリューチェーン全体での環境負荷低減活動に取り組んでいます[6]。」

ソニーのＣＳＲに対する取り組みを見ると、理念のもと、持続的に高収益を上げていくだけでなく、自社製品によるＳＴＥＭ教育への活用を行ったり、環境負荷低減活動を行ったりすることで、短期ではなく長期にわたって持続可能な社会の実現に向けた取り組みを行っていることがわかります。事業計画においても、その事業がどのように社会貢献につながるのかについて具体的に示す必要があります。

4　会計とは―財務会計と管理会計―

（1）会計の目的

本節では、事業計画の中でもとくに重視されるであろう収益性について説明します。会計は大きく分けると財務会計と管理会計の2つです。両者に共通する目的は、企業をはじめとする経済主体が行う経済活動をすべて金額で表示し、その情報（会計情報）を関係者（経営者、株主、債権者）に報告することです。すなわち、会計は、企業の1つ1つの活動（例えば、商品売買や経費の支払い等）をすべて貨幣（日本なら円）で記録し、それを関係者に報告することが目的です。会計情報は財務諸表と呼ばれる書類によって表されます。財務諸表には損益計算書（Profit and Loss Statement：P／L）と貸借対照表（Balance Sheet：B／S）があり、企業の1年間の経営成績は損益計算書によって、決算日時点の財政状態は貸借対照表によって表されます。

（2）損益計算書と貸借対照表

表1は、損益計算書を簡略化したものです。損益計算書は企業が1年間でどれだけの利益を上げることができたのかを計算しています。まず、売上総利益（粗利）は、売上高から売上原価を差し引いて計算されます。例えば、1個40円で製造したお菓子を100円で売ったとすると、売上高は100円、お菓子の製造原価＝売上原価は40円になりますので、売上総利益は60円になります。こ

表1　損益計算書

区分	損益計算書		
営業損益計算（営業活動の成果）	Ⅰ　売上高	（＋）	100
	Ⅱ　売上原価	（－）	40
	売上総利益		60
	Ⅲ　販売費及び一般管理費	（－）	30
	営業利益		30
経常損益計算（営業外活動を加味した成果）	Ⅳ　営業外収益	（＋）	10
	Ⅴ　営業外費用	（－）	15
	経常利益		25
純損益計算（臨時的な活動を加味した成果）	Ⅵ　特別利益	（＋）	15
	Ⅶ　特別損失	（－）	10
	税引前当期純利益		30
	法人税、住民税及び事業税	（－）	12
	当期純利益		18

の売上総利益を計算することによって、製品の収益力を確認できます。

ただし、売上を上げるためには、営業員の給料や広告宣伝費も必要となります。そのための費用は販売費及び一般管理費になります。売上総利益から販売費及び一般管理費を差し引いた金額が営業利益になります。営業利益の計算を行うことにより、本業でどれだけ稼ぐことができたのかを確認できます。

次に、営業利益の金額に営業外収益の金額を加算し、営業外費用の金額を減算したものが経常利益です。営業外活動というのは、本業以外の活動を意味します。例えば、お菓子メーカーの本業はお菓子を製造し、それを販売して儲けることです。しかし、そのお菓子メーカーが不動産を所有し、家賃や駐車場収入がある場合や、株式の配当による収入がある場合は営業外収益になります。また、銀行からの借り入れがあり、利息を支払った場合等は営業外費用になります。このように、営業利益の金額に営業外活動の結果を反映した利益が経常利益になります。経常利益を見ることによって、その企業が毎期の経常的な活動でどれだけ稼ぐ力があるのかを確認できます。

最後に、経常利益の金額に特別利益の金額を加算し、特別損失の金額を減算した税引前当期純利益の金額から、法人税、住民税及び事業税の金額を差し引いたものが当期純利益です。特別項目は、臨時的・偶発的に発生したものが対象となります。例えば、土地を販売して得られた利益は特別利益、火災等の災害によって建物が焼失した場合は特別損失になります。当期純利益はその企業の最終的な利益です。配当を行っている会社では、この当期純利益の金額をもとにして配当額が決定されますので、投資家にとって1つの重要な指標になります。

表2は、貸借対照表を簡略化したものです。貸借対照表は、決算日時点でその企業にどれだけの財産や負債があるのかを一覧表の形で表しています。左側を借方、右側を貸方といいます。貸方は資金をどこから、いくら集めてきたのか（資金の調達源泉）を表しています。企業の資金調達の方法は大きく分けて2つあります。1つは、銀行等から借り入れを行うこと、もう1つは、経営者が自分でお金を用意する、あるいは投資家から出資してもらうことです。

銀行等から借り入れを行った場合、そのお金は返済しなければなりません。このように、返済義務のあるお金を他人資本といい、負債は借入金をはじめとした他人資本の金額を表します。さらに、負債は1年以内に返済期限が到来するか否かで流動負債と固定負債に分かれます。

表2　貸借対照表

貸借対照表				
資産（借方）		負債（貸方）		
科目	金額	科目	金額	
流動資産		流動負債		他人資本
現金・預金	35	買掛金	10	他人資本
売掛金	20	短期借入金	13	他人資本
有価証券	15	固定負債		他人資本
棚卸資産	10	長期借入金	67	他人資本
固定資産		純資産（貸方）		
土地	50	株主資本		自己資本
建物	40	資本金	70	自己資本
機械及び装置	20	資本剰余金	22	自己資本
備品	10	利益剰余金	18	自己資本
資金の運用形態		資金の調達源泉		

一方、経営者が自分で用意したお金や投資家から出資してもらったお金は返済する必要はありません。投資家は、配当で儲けたり（インカムゲイン）、株価の値動きで儲けたり（キャピタルゲイン）するため、企業は出資してもらったお金を返済する必要はありません。このように、返済義務のないお金を自己資本といい、純資産は資本金をはじめとした自己資本の金額を表しています。また、損益計算書で計算された当期純利益は、利益剰余金として貸借対照表の純資産に入っていきます。そのため、貸借対照表と損益計算書はつながっています。

借方側は、集めてきたお金を何に使ったのか（資金の運用形態）を表しています。そのため、貸方の合計額（負債＋純資産）と借方の合計額（資産）は必ず一致します。すなわち、企業が儲けたお金はすべて現金としてとっておくのではなく、何かに投資を行っていることになります。したがって、利益剰余金（内部留保）＝現金と考えるのは誤りです。内部留保が多いからといって必ずしも会社内に現金をため込んでいるわけではありません。資産は、流動資産と固定資産に分かれています。現金や売掛金等の営業活動に直接関わっているものや、短期で売買される有価証券など短期的に使用されるものを流動資産、土地や建物等の長期にわたって使用されるものを固定資産といいます。

貸借対照表はBalance Sheetと呼ばれるように、資産と負債のバランスや、負債と純資産のバランスを見てその企業が健全であるかどうかを判断します。例えば、貸方側の合計額が100だとして、負債90、純資産10の企業①と、負債10、純資産90の企業②があるとします。銀行の立場ならどちらの企業にお金を融資するでしょうか。これだけの情報なら企業②を選択します。なぜなら、企業①は資金調達の9割を返済義務のある負債で行っているため、企業②の方が健全といえるからです。

(3) 財務会計と管理会計の違い

財務会計と管理会計の大きな違いは、前者が外部報告用、後者が内部報告用という点にあります。財務会計は、企業の外部の人（株主や債権者）に対して、投資の判断に役立つ財務諸表とはどのようなものかを考える学問分野になります。例えば、財務諸表の1つ1つの数字がどのようなルールに基づいて作成されているのか、粉飾を防ぐためにどのようなルールを設定すればよいか等を考えます。一方、管理会計は、企業の内部の人（経営者、従業員）に対して、経営に役立つ会計情報を提供し、どのようにして利益を管理すればよいかを考える学問分野になります。例えば、目標利益をいくらにするか、その利益を達成するために販売価格や販売量をいくらにすればよいか、原価をいくらに抑えればよいか等を考えます。本章はタイトルのとおり、事業計画について管理会計の観点から説明することを目的としていますので、次節では管理会計の活用について説明します。

5　管理会計の活用

管理会計は一言でいうと、「経営のための会計」です。管理会計をうまく活用することによって、事業計画の策定だけでなく、経営をより良い方向に持っていくことが可能となります。本節では、お祭りの出店を例にあげて販売価格、販売量、原価をいくらにすれば、いくらの利益を上げることができるのかを計算し、管理会計の経営への役立ちについて説明します。

外食についてのよくあるイメージの1つが「なぜ外食はあんなに高いのか」というものです。お好み焼きが1枚８００円もするのはなぜかと疑問に思う人も多いと思います。高く感じる理由の1つは、「自分で作ったらもっと安く作れるのに」と考えてしまうことにあります。実際、お好み焼きであれば1枚１００円程度で作れます。そのため、もし1枚８００円で販売すると、７００円の利益が出るのではないかと考えてしまいがちです。これはよくある誤解の１つですが、こう考えてしまう原因は、（製造）原価＝材料費と考えてしまうことにあります。確かに、製造原価には材料費が含まれますが他の費用もあります。

製造原価は、材料費、労務費、経費の3つに分かれます。例えば、お好み焼き屋を運営するなら、キャベツや卵等の材料費、従業員の給料等の労務費、お店の家賃や水道光熱費等の経費をすべて計算し、お好み焼き1枚あたりの製造原価を求める必要があります。では、お祭りでお好み焼きの出店を1日だけ開くとして、販売単価、販売量、原価、利益を計算してみましょう。

出店を開くにあたって、以下のルールを設定します。

①お好み焼き店では、豚玉1種類のみを販売する。
②注文を受けてから販売し、作り置きはしない。
③小麦粉、豚肉、キャベツ、卵、ソース等の材料費は1枚あたり100円とする。
④従業員は雇わず1人で運営するため労務費はゼロとする。
⑤水道光熱費や鉄板のレンタル代等の経費は1日あたり5，000円とする。

これらの条件のもと、仮に豚玉を1枚200円で販売する時、赤字を回避する（損失を出さない）ためには1日最低何枚売ればよいでしょうか。まず、費用を変動費と固定費の2つに分けます。変動費とは、生産・販売量に比例して発生する費用、固定費は生産・販売量に関係なく一定額が発生する費用のことです。材料費については、豚玉を1枚焼けば100円、2枚焼けば200円というように生産・販売量に応じて発生する費用のため変動費になります。一方、労務費と経費は、豚玉の生産・販売量に関係なく一定額が発生するため固定費になります。もし１枚も豚玉が売れなければ、５，０００円全額の損失になりますので固定費分は必ず利益を出す必要があります。

次に、豚玉を１枚売るといくら儲かるのかを計算します。１枚１００円で作れる豚玉を２００円で販売しますので、２００円（売上）−１００円（変動費）＝１００円の利益になります。売上高から変動費を差し引いたこの利益のことを貢献利益といいます。この貢献利益で固定費を回収できればよいので、５，０００円（固定費）÷１００円（貢献利益）＝50枚になります。

この50枚という数字は、損失と利益を分ける点となりますので、損益分岐点といいます。本当に分かれ目となっているか確認してみましょう。表３は損益分岐点（前後）における営業利益を計算したものです。49枚の時は１００円の損失、50枚の時はゼロ、51枚の時は１００円の利益になっています。50枚を境にして損失と利益が分かれていますので、50枚が損益分岐点となります。しかし、損益分岐点販売量を達成したとしても営業利益はゼロですので、手元に全くお金が残りません。そこで、もし全く同じ条件で手元に１０，０００円残そうと思うと、豚玉をいくつ販売すればよいでしょうか。

手元に１０，０００円残したいので目標営業利益は１０，０００円です。固定費５，０００円を回収し、さらに１０，０００円の利益を上げる必要があります。したがって、１５，０００円÷１００円＝１５０枚販売する必要があります。１００円で作れる豚玉を２００円で販売した時、１０，０００円残すためには１５０枚も販売しなければならないのです。豚玉を焼くのに１枚あた

表3　損益分岐点（前後）における営業利益

売上高	9,800円	10,000円	10,200円
変動費	4,900円	5,000円	5,100円
貢献利益	4,900円	5,000円	5,100円
固定費	5,000円	5,000円	5,000円
営業利益	△100円	0円	100円
販売量	49枚	50枚	51枚

り10分程度かかるとすると、３枚同時に焼いても５００分かかりますので、約8時間かけてようやく１０，０００円儲けることができます。

この販売量を達成するのは厳しいと思います。そこで、費用を減らすか、販売単価を上げることで１枚あたりの貢献利益を上げ、目標営業利益を達成するために必要な販売量を減らそうとします。しかし、費用については減らそうと思っても限界がありますので、販売単価を上げます。販売単価を変動させて必要販売量を計算した結果が**表4**になります。

販売単価を３００円にすると、１枚あたりの貢献利益は２００円になりますので、固定費と目標営業利益の合計額１５，０００円を稼ぐためには、75枚売れればよいことになります。同様にして、販売単価が４００円の時は50枚、販売単価が５００円の時は38枚になります。

販売単価を上げれば上げるほど、必要販売量はより少なくてすみますが、安易に販売単価を上げると高いと思われて売れなくなりますので、適切な単価を設定するのは非常に難しいことです。販売量や単価の関係から、現実的に可能な金額としては、３００円か４００円になろうかと思います。このように、原価（Cost）、生産・販売量（Volume）、利益（Profit）の関係から、製品をいくら生産・販売すると、原価がどれだけ

表4　販売単価を変動させた時の必要販売量

販売単価	200円	300円	400円	500円
変動費	100円	100円	100円	100円
貢献利益	100円	200円	300円	400円
固定費	5,000円	5,000円	5,000円	5,000円
目標営業利益	10,000円	10,000円	10,000円	10,000円
必要販売量	150枚	75枚	50枚	38枚

かかり、利益がいくらになるのかを分析するための手法をＣＶＰ分析といいます。

管理会計の知識を活用すれば、適切な販売量や販売単価を経済合理的に決定することができます。もし、この知識がなく、感覚で販売したらどうなるでしょうか。もし、１００円で作れるからといってなんとなく１５０円で販売したとしたら、安いので売れるとは思いますが、損益分岐点販売量が１００枚になりますので、手元に全然お金が残らないか、あるいは損失になるはずです。しかし、知識がないので、なぜ儲けることができないのかはわからないままです。本節では、計算を簡単にするために費用を最低限にしていますが、実際にお店を運営する場合は、店長の生活費だけでなく、従業員の給料や家賃、借金をしているならその返済の原資を稼がなければなりません。そうすると、今回計算した出店の例では、販売単価が３００円程度ですんでいますが、実際のお店は３００円ではやっていけないでしょう。そのため、外食における豚玉８００円は、様々な条件下で設定された価格であり、意味があるのです。

事業計画においては、あらかじめ事業を運営するために必要な目標利益を設定し、それを達成するために必要な目標売上と目標原価を計算します。その上で販売単価や目標販売量を計算し、従業員1人1人が目標販売量（ノルマ）を達成するためにどのように活動するかという具体的な活動計画に落とし込んでいきます。企業において従業員（営業員）はノルマが設定され、それを達成するように動機づけられますが、このノルマの設定は、企業全体の利益から逆算する形で計算されます。経営者は、企業全体の目標利益から出発し、従業員1人1人の目標レベルまで細分化していくことで従業員1人1人を管理しています。そのため、管理会計は、経営者や各部門長が部下を管理するためのものといえます。

ただし、一般従業員にとって必要ないものかというと、決してそうではありません。なぜ自分にこのノルマが設定されているのかを理解した上で営業活動を行える従業員と、言われるがまま営業を行う従業員ではパフォーマンスに違いが出ます。何より、一般従業員も将来は管理者となりますので、この知識はいつか必要になります。もし、管理者が管理会計の知識を全く知らずに部下を管理すると、その管理者は数字の話が全くできないので「売上を上げるためにもっと頑張れ」、「儲からないのは部下の頑張りが足りないからだ」という話に陥ってしまう恐れがあります。また、「部下の業績評価を好き嫌いで決める」ということがあるかもしれません。人には感情があるので、数字だけでは動かないというのは確かにその通りですが、一方で数字という客観的かつ具体的な指標を示し、それに基づいて評価することは、評価される側に納得感を与えるという側面もあります。数字だけで人は動きませんが、感情だけでも人は動きません。数字に基づいた行動や議論を行い、目的適合的かつ経済合理的に企業経営を行うためには、管理会計の知識が必要不可欠です。

実際に、澤邉ほか（２０１５）[7]では、管理会計能力が高い企業ほど財務業績にポジティブな影響を与えていることが示唆されています。また、飛田（２０１２）[8]では、中小企業経営においても管理会計が重視されつつあることが示唆されています。管理会計は大企業だけでなく中小企業においても必要な知識です。

6　おわりに

本章では、ベンチャービジネスと事業計画というテーマで、管理会計の活用という観点から説明しました。本章を通じて伝えたいことは、①アイデアと計画は異なること、②計画を策定するためには管理会計が必要であることです。アイデアだけなら今まで多くの人が思いついており、そのアイデアのほとんどは、思いついたがあえて実行しなかったものです。思いついたアイデアを実現可能かつ継続可能な計画に落とし込むことができてはじめて事業計画として成立します。実現可能かつ継続可能な計画とは、目的適合的であり、かつ経済合理的なものです。事業を運営するために必要な利益を計算し、最終的に従業員１人１人の活動にまで落とし込むことができてはじめて実現可能で継続可能な計画であるといえます。そのためには、管理会計の知識が必要不可欠です。

注：本稿は、２０１７年11月23日（木）に実施した講義「経営学特殊講義（ベンチャー）第９回ベンチャービジネスと事業計画」をもとにしています。

引用文献

(1) 秋山義継「ベンチャー企業の経営に関する一考察」、『拓植大学経営経理研究』第80号、47―76頁、２００７年

(2) 本橋正美「中小企業管理会計の特質と課題」、『会計論叢』第10号、51―69頁、明治大学専門職大学院会計専門職研究科、２０１５年

(3) 任天堂ホームページ「株主・投資家向け情報　社長メッセージ」（https://www.nintendo.co.jp/ir/management/message.html）２０１８年

(4) SONY JAPANホームページ「企業情報　ソニーのミッション　ビジョン」（https://www.sony.co.jp/SonyInfo/CorporateInfo/vision/）２０１８年

(5) 任天堂ホームページ「２０１５年度有価証券報告書」（https://www.nintendo.co.jp/ir/library/securities/index.html）２０１８年

(6) SONY JAPANホームページ「ＣＳＲレポート」（https://www.sony.co.jp/SonyInfo/csr_report/message/）２０１８年

(7) 澤邉紀生・吉永茂・市原勇一「管理会計は財務業績を向上させるのか？日本の中小企業における管理会計の経済的価値」『企業会計』67（7）、１００９―１０２３頁、中央経済社、２０１５年

(8) 飛田努「中小企業における経営管理・管理会計実践に関する実態調査：福岡市内の中小企業を調査対象として」『会計専門職紀要』第３号、57―69頁、熊本学園大学大学院会計専門職研究科会計専門職紀要編集委員会、２０１２年

7章

信用金庫の存在意義

北おおさか信用金庫常務理事　小牧　義昭

1　はじめに

私は信用金庫に昭和53年入庫（信用金庫の場合は入社ではなく入庫といいます）して以来、平成30年4月に信用金庫在職40年を迎えることとなりました。信用金庫業界に長く身を置いた人間として、また、3度の合併、4つの信用金庫に在籍した経験から、信用金庫の存在意義について、また、信用金庫と中堅・中小企業との関係、さらに、地方創生についても述べさせていただきます。

2　信用金庫と私

(1) 預金獲得時代

昭和53年4月、新人研修を終え、豊中信用金庫（現北おおさか信用金庫）服部支店に配属。まだすべてがコンピューター化されておらず、通帳・証書は手書きでした。当時は預金さえ獲得していれば運用は付いてくるので、ほとんど融資推進活動をすることなく、借入希望者が来店すると審査して実行するだけでよかったのです。また、余裕資金は国債などで運用し、利益を確保することができることから、営業担当者は朝から晩まで預金集めに終始しました。特に、土地の売買があると大口の現金が移動することから獲得合戦も過熱しました。昭和54年に預金担当から営業担当に異動したことより、定期預金、定期積金の新規獲得に終始する毎日を過ごしました。預金を獲得しておけば信用金庫としての経営は安泰でしたので、当時の私の信念は〝担当した地区での「証し」を作りたい〟でした。例えば、団地・マンション一棟の大半の居住者取引、病院等事業所全従業員との取引等、信用金庫の将来のメイン顧客の創造のため、一軒一軒新規開拓し、預金獲得に全力を尽くしました。融資推進のことは考えることすらなかったと記憶しています。そして、金庫からは預金獲得営業活動を評価していただき、ハワイ研修にも行かせてもらえた良き時代でした。

(2) バブル崩壊

昭和61年12月頃から始まったバブル期は、預金さえ集めていたら、貸出金はお客さまからの申し出に対応することで、預金・貸出が大幅に増加する急成長の時で、信用金庫経営も安泰の時期でした。当時、私は大阪支店（現梅田支店）で営業担当者として、梅田駅の北東地区を担当していました。当時は「地上げ」の真っただ中で、土地の確保のために何でもやっていた時代でした。大手不動産会社は借家に住んでいた方に多額の立ち退き費用を支払っていました。その際、不動産会社は住民に立ち退き費用を公言しないことを約束させていたので、ご近所に行先も告げずに、ある日突然に転宅する住民の姿を何度も見ました。残念ながら人の心を札束で動かしていたのです。片や、悪質な業者が購入する際は、卑劣な方法で追い出しに掛かっていました。例えば、家の隣で突然、鶏や大型犬を飼ったり、毎日のように脅しがあったり、火事も頻繁に発生していました。土地さえ手に入れれば翌日に価格が上昇するという馬鹿げた異常な時期で、人々は土地・株式・投資とお金に踊らされていました。

このような状況は続く訳もなく、昭和48年から続いた安定成長期はバブル崩壊により終焉を迎え、失われた20年と呼ばれる低成長期に突入しました。

(3) 採用担当

平成2年9月人事部の部長代理に昇進し、採用と研修を主に担当しました。この時期は「不動産融資総量規制」が始まり、バブル期のピークから若干の陰りがあったものの、多くの人はバブルが弾けるとは考えておりませんでした。

私が人事部で採用担当をしていたときは、まだ学生にとって就職先の選択に有利な頃であり、企業側は、あの手この手で学生を確保しようと必死でした。大阪から東京への交通費を貰えるため何社も東京の会社を訪問し、交通費がアルバイトのような感覚の学生や、企業側は内定者が脱落したり、他社に取られたりしないように、ハワイ等の海外旅行や国内の温泉地に連れて行く、いわゆる「拘束旅行」もエスカレートしました。金融業界においても大量採用していた時期であり、メガバンク、地方銀行が多数採用するため、信用金庫にとっては採用に苦しんでいました。

しかし、残念ながらバブル期に採用した職員の中には、すぐに挫折して辞めてしまった者が多く出てきました。採用時にちやほやされ、自分の能力以上に評価してもらっていることを知らず、現実とのギャップに苦しんだようです。そこで、研修担当の私が考えたのは「厳しく育てる」でした。営業店に配属され、実践までに、社会人、金融機関人、信用金庫人として、徹底的に鍛えることにしました。

例えば毎日、試験を実施し、不合格者には連日午後8時頃になっても理解できるまで残しました。チームワークを養成するために、新人を班別に編成し六甲山登山も実施し、皆フラフラになって山頂を目指しました。宿泊研修の際は、夜はカラオケ大会で大はしゃぎしても、翌朝早くに懐中電灯を持って集合し、山に登って日の出を拝んだこともありました。前日どれだけ遅くなっても仕事へ行く厳しさを体験させたかったからです。研修施設の近隣宅を1軒1軒挨拶訪問することもさせました。金融について何の知識もない新人が、年金や定期預金の約束をして帰ってきたこともありました。こちらから何もお願いしていないのにお客さまから声が掛かったのですから、セールスの極意のようなものを知ってもらえたような気がしました。とにかく、研修期間に徹底的に鍛えて、営業店に送り出したいという熱い思いがあり、3週間ほどの研修期間は私も疲れ果てましたが、やりがいのある日々でした。そして、研修の最終日、よくここまで頑張ってくれたとの感謝の気持ちと、明日からどんな苦労があっても頑張ってくれとの願いから、恥ずかしながら、涙が止まらなくなってしまいました。現在、私が担当した3年間の新人研修卒業生の中から、支店長、次長として、また、女性を含めて役席として活躍している者もおり、金庫の中堅幹部として将来を期待される人材となってくれています。嬉しい限りです。

その頃、金庫経営はいざというときのために先人たちが積み立てていた内部留保を取り崩し、バブル期の清算をすることとなりました。また、バブル期の反省から、新規事業先開拓、個人ローン推進の重要性が謳われ、預金獲得だけの時代は終焉しました。

(4) 合併Ⅰ

平成6年4月18日、豊中信用金庫と大阪殖産信用金庫が合併し水都信用金庫となりました。1回目の合併経験です。当時私は本店営業部（現豊中支店）に2回目の勤務で新規融資開拓専門を経験した後に部長代理として融資を担当していました。合併といっても、本店、理事長が変わることもなく、金庫名が変わったことが大きな変化であったと記憶しています。その後、庄内支店の次長を経て、平成9年10月、旧大阪殖産信用金庫である守口支店に転勤となりました。同じ信用金庫であり、業務も同じであるため問題ないと思っていましたが、文化、風土、習慣の違いにカルチャーショックを受けました。例えば、豊中信金の店舗の大半は駅前に立地し、狭域高密度を旨に、多くの来店客があり、取引先を増加させることを主体としていました。片や、大阪殖産信金は、店舗は単なる営業所であり来店客は少なく、業績は営業担当者が事業先をしっかり訪問し、なんでも対応することで成り立っていました。なお、このことから一部の店舗では、合併による価値観の違いから近隣の店舗同士がコミュニケーション不足に陥ることが見受けられました。

守口支店では新規事業所開拓を毎日毎日繰り返していましたが、現在と違いインターネット上での情報がなかったことから、新聞の切り抜き記事を事業に役立てていただきたいと毎日作成し、顧客に渡していました。同じことをしていたら他銀行に負けるので、何かと創意と工夫を続けていました。その結果、ある小さな町工場が10軒ほどが並んで営業する一角すべてと取引ができました。数年後、私が採用した教え子から、なぜこの一角はすべて取引があるのかお客さまに尋ねたところ、「小牧が開拓した。」と聞いたことから私に電話がありました。研修の先生として、金庫の先輩として、背中を見せることができて嬉しく思いました。

私はその後、平成12年1月、同じく旧殖産信金店舗の金田支店（現在は十三守口支店に統合）に支店長として着任しました。着任した途端に苦情電話が入り、2～3週間解決に向けて苦労しました。ただ自転車に乗って毎日顧客訪問を繰り返しました。お客さまの言葉で何といっても一番閉口したのが「あなたはどっち」でした。よって私は「守口支店から転勤」と事実だけを言うことにしました。結果、金田支店を転勤するまで旧殖産信金の人間と思っていたお客さまが大勢いました。そんな苦労の始まりの金田支店でしたが、旧殖産信金の部長が金田支店の主要な顧客に対して、私のことをよろしくと伝えてくれていたことには大変感謝しています。

思い出の金田支店は、北おおさか信金となってから、十三守口支店との店舗統合により閉店し売却となりました。ちなみに売却した際の総務部長は私でした。

(5) 合併Ⅱ

金田支店長として4年間勤務している間に、平成15年3月、摂津信用金庫と合併することとなりました。合併の話が持ち出されたときに、水都信金は合併しなければならないほどに金庫の業況は悪いのか、なぜ摂津信金との合併なのか、なぜ存続金庫、本店、理事長が摂津信金の人間なのか、数人の支店長と支店長会を開催して意見を調整し、当時の理事長に直訴しました。結果は長期的視野に立った合併であるとの理想論を掲げられ、職員とその家族のことを考えれば拒むことはできませんでした。このとき、私は新たな信用金庫で全力を尽くすことを決意しました。

合併が平成15年3月、翌16年2月には旧摂津信金店舗の正雀支店に転勤しました。当時は収益確保のため、個人ローン推進の全盛期でした。しかし、部下に対しては個人ローン一辺倒ではなく、お客さまに応じた商品の提供と事業所開拓を指示しました。毎朝、時には営業担当者より早くバイクに乗って顧客訪問を続けました。しかし、残念なことに、ある会社が粉飾決算しており、それを見抜けなかった私の判断でロスを出し、金庫に迷惑を掛けることとなってしまいました。この失敗を取り返すためには業績全店1位しかないと上層部に約束し、実現できたことが救いでした。

平成17年9月、豊中支店に3度目の勤務で、支店長としての転勤となりました。豊中支店では、アクセルとブレーキを調整しながら貸出金でロスを出さないと誓い実践しました。同じ店舗に3回も務めることなど信用金庫でなければ絶対に有り得ません。そして、転勤の挨拶の際、お客さまから「おかえり」と迎えていただいたことが、信用金庫に就職し最大の喜びでした。多くのお客さまから自分の会社のことを知ってくれている支店長であることに安心感を持っていただいたようです。

支店長としての在籍期間に、地元商店街の方とも親密な関係を築くことができました。また、豊中商工会議所とは会議所の経営革新セミナーに豊中支店のお客さまに参加いただいたことを契機に、会議所の会員紹介や、様々な新たな連携を実施することができました。地元事業者の発展に対する同じ思いの商工会議所とは、現在も良好な関係が続いています。

平成20年2月、本部審査部部長、同9月業務推進部部長になり、ご相談プラザチャオパルコのオープンの役目をいただきました。住宅ローンを中心とする相談プラザで正月3日間のみ休業とする以外は土日も営業し、朝9時から夜7時まで、相談プラザを営業しました。結果は住宅ローンの相談プラザとしてはまずまずの成果があったものの、保険、投信の販売は皆無でした。なお、現在ご相談プラザは廃店し一定の役割は終了したと思われます。

そして、平成21年6月、総代会において理事を拝命しました。ついに、役員となりました。私を支えてくださった皆さまのお蔭と心から感謝しています。あるお客さまから、部長までは実力があればなれるが、役員になるにはタイミング、つまり運もある。そして何より神輿に担いでもらえる人物であると教えていただきました。関係各位の皆さまに感謝いたします。

その後、金庫の業務推進の方向が、顧客保護により一層変わってきました。顧客ニーズのない無理な個人ローンの推進禁止を打ち出し、大きく方向転換しました。そのとき私は、業務推進部長として金庫の業績の旗振り役でしたが、個人ローン残高が一気に減少したのを、新規事業先融資に方向転換して実績を残さなければなりませんでした。この辺りから、新規事業所開拓の重要性、大阪彩都総合研究所（北おおさか信用金庫子会社でコンサルタント業務を行う）を活用したお客さまの本業に役立つサポート、具体的にはビジネスマッチングの強化等に着手しました。

同時に、業務推進部長の際には、金庫のＰＲのために自らラジオ出演や、ＣＭ放映、金庫イメージソングの制作、旅行から始まった和歌山県との友好関係など、信用金庫人として自分がやってみたいことを思いっきりやらせていただきました。

(6) 合併Ⅲ

平成23年12月より総合企画部長を拝命し、いよいよ、4つ目の金庫のバッチ、3回目の合併がやってきました。平成25年3月十三信用金庫と摂津水都信用金庫の合併を発表。私は、合併推進本部長を拝命しました。摂津水都信金3名、十三信金3名、合計6名で事務局をスタートさせました。合併による様々な取り決めを、合併推進委員会で決定する事務局を、合併推進本部が担当することとなりました。毎週木曜日、両金庫の理事長、専務、常務が出席し、場所は両金庫で交互に開催されました。合併推進委員会は合併に関する課題についての決定機関であり、具体的には新金庫名、金庫ロゴマーク、通帳・証書デザイン、経営方針、各部規程・要領・マニュアルの制定、その他合併広報のためのCM等、多岐に亘る課題が山積みでした。両金庫の意見を調整し、結論を出すことには苦労しました。存続金庫は十三信金、本店と理事長は摂津水都信金とした合併であり、両金庫の良い方を採用し、最良を目指したことから議論に時間を要しました。特に、融資権限と職員給与等の人事制度においては調整に苦慮しました。

平成26年2月24日前日から近隣ホテルに泊まり込み、早朝に金庫へ出勤。沢山のお祝いの花の整理に追われながら合併式典の準備をし無事に式典を終了しました。その後、多くのマスコミに囲まれて理事長インタビューの進行後、合併後初めての理事会を開催しました。ついに「北おおさか信用金庫」がスタートしました。

平成26年11月リスク統括部長を、翌27年6月地域支援部長を拝命しました。「まち・ひと・しごと創生総合戦略」の信用金庫としての役割を果たすため、当金庫のノウハウを発揮し、具現化することを目的とし、地方創生推進の統括機関として「地方創生推進委員会」を組成しました。また、下部組織として、全支店長を「地方創生サポーター」として任命しました。「地方創生サポーター」は各市町の「まち・ひと・しごと創生総合戦略」に関する情報を収集し事務局へ定例的に報告することとしました。

平成27年10月、常務理事、総務部長を、平成29年6月、常務理事、総務部・審査部・管理部・国際部担当を拝命し現在に至っています。約9年振りに審査を担当することとなりました。審査の基本的スタンスは何も変わりはありませんが、「資産査定一辺倒」から「事業性評価」へと大きな変革がありました。よって、担保、保証人に過度に依存することなく、審査判断しなければなりません。つまり、リスクを取る方針です。しかし、何でもよいわけではありません。将来性、収益性を加味して審査するのですが、過去に粉飾決算でロスを出した経験もありましたので、営業店による取引先訪問など現場主義を大事にしたいと思っています。財務以外に社長の夢、方針も重要な融資判断材料であり、現場の支店長によるヒアリングは信用金庫にとって重要視すべきものです。

現在は総務部・審査部・管理部・国際部の担当ならびに地方創生推進委員会の委員長として、様々な業務を担当させていただいていますが、必要とされているときが花であるので、残された金庫人生を悔いのないように全うしたいと考えています。

3　信用金庫の存在意義

（1）信用金庫の誕生

明治維新を契機として資本の集中が激化し、農民や中小商工業者が貧窮に陥ったことから、経済的弱者に金融の円滑を図ることを目的に、明治33年に産業組合法が制定され、同法による信用組合が誕生しました。その後、会員以外からの預金が認められないなどの制約があったことから、協同組織による中小企業者や勤労者のための金融機関の設立を望む声が高くなり、昭和26年6月15日に信用金庫法が公布・施行され、会員外の預金を扱え、手形割引もできる「信用金庫」が誕生しました。[1]

（2）信用金庫の理念

信用金庫は、中小企業や地域住民のための協同組織による地域金融機関で、信用金庫の基本理念は、①相互扶助：地域の皆さまが信用金庫の会員・利用者となって、地域の繁栄を図るため、互いに助け合うこと、②非営利：信用金庫自らの利益を最優先させるのではなく、利用者の方々や地域の皆さまへのサービスを優先させることであり、会員をはじめとする利用者の方々や地域のニーズにお応えすることを経営の基本に置いています。

信用金庫の3つのビジョンは①中小企業の健全な発展、②地域社会繁栄への奉仕、③豊かな国民生活の実現です。[2]

(3) 信用金庫と銀行の違い

信用金庫は、地域の皆さまが会員・利用者となってお互いに地域の繁栄を図る相互扶助を目的とした協同組織の金融機関で、主な取引先は中小企業や個人です。利益第一主義ではなく、会員すなわち地域社会の利益が最優先されます。さらに、営業地域は一定の地域に限定されており、お預かりした資金はその地域の発展に生かされている点も銀行と大きく異なります。

信用金庫と銀行の主な相違点は、①根拠法：信用金庫法。銀行は銀行法。②組織：会員の出資による協同組織の非営利法人。銀行は株式会社組織の営利法人。③会員資格：地区内において住所または居所を有する者、事業所を有する者、勤労に従事する者、事業所を有する者の役員。事業者の場合は従業員300人以下または資本金9億円以下の事業者。銀行は会員資格等なし。④業務範囲：預金は制限なし。融資は原則として会員を対象とするが、制限付きで会員外貸出もできる。銀行は制限なし。[1]

(4) 北おおさか信用金庫の取組み

北おおさか信用金庫（以下、当金庫とする）の地域貢献　ライフステージに応じた当金庫の支援策当金庫においては、ライフサイクルに応じて、学生には「育英会」による奨学金制度を準備、中小企業と学生のために「就活」、そして「婚活パーティ」、他に、ビジネスの拡大のために中小企業の「商談会」と大学との技術連携のための「ビジネスマッチング」、同様に「食の商談会」等様々な地域活性化のための事業を実施しています。

①公益法人きたしん育英会

大阪府内の大学に在学する学生または大阪府内に住所を有する者が保護する大学生で、経済的に学資の支払いが困難と認められる学生に対して金銭的な支援を行うことにより、人材の育成に寄与することを目的としています。平成29年度は、給付奨学金支援者13名、一人当たり年間給付額は24万円（月額2万円）でした。

②就活

中堅・中小企業が大学新卒者を採用したくても、学生は大手志向が強く、なかなか採用に至らないことから、平成29年10月5日に7回目となる「就職合同説明会」を当金庫と大阪府が共催として実施しました。その結果後日、採用が決まった企業が数社ありました。当金庫も1名採用することができました。

また、大阪電気通信大学内において、新卒採用を希望する当金庫取引先と同大学生の就活を毎年実施しており、多くの採用実績があることから製造業を中心とした中小企業の方、大学にも喜んでいただいています。

③婚活パーティ「マリッジミーティング」

中小企業経営者の悩みのひとつに息子の嫁、娘の婿を探している方が多くおられます。以前は支店長に誰かいい人がいないか相談し、お見合いの後に結婚に至った事例が大半を占めました。しかし、最近はお見合いよりも婚活パーティが主流となっています。そこで、当金庫は経営者の悩みを解決する目的として設立された、当金庫の子会社である大阪彩都総合研究所と、平成26年7月に第1回の婚活パーティ「マリッジミーティング」を開催しました。平成29年11月までに過去4回開催し、平成28年開催の第3回マリッジミーティングに参加したお二人が平成29年9月18日に結婚し、平成30年5月にも1組が結婚予定となりました。

男女が会話をしやすいシチュエーションを設定するなど様々な工夫が功を奏したと思われます。また、当金庫の「婚活パーティ」において成約率の高さのひとつに、参加者の親がすべて当金庫の取引先であるということが挙げられます。従業員が参加する場合もありますが、必ず当金庫取引先経営者の推薦のある方としていることから、本気で結婚を考えた「北おおさか信金取引先」の方々が参加しているという安心感が成功の大きな要因であると思われます。

当金庫が「婚活パーティ」を開催することに違和感がある方もいるでしょうが、経営者が本当に悩んでいることを解決することは心から喜んでいただいています。今後も信用金庫にしかできない「古典的なことを新しい手法で」実践する課題解決型の事例として、継続して取り組んでいきたいと考えています。

④キャンパスベンチャーグランプリ

日刊工業新聞社との共催で、平成11年から毎年開催し、平成30年に19回を迎えました。学生による起業アイデアを専門的な立場から評価、アドバイスもして若者の企業家精神を養うことに資することが目的です。現在では全国各地区に広がる、キャンパスベンチャーグランプリの名を冠した取り組みの発祥がキャンパスベンチャーグランプリ大阪です。既に、ここから実際に起業した企業が多数あり、毎年夏にＯＢ会を大阪で開催しています。

⑤ビジネスマッチング

平成29年11月14日・15日の2日間、当金庫と大阪大学が主催し、大阪彩都総合研究所が共催、近畿経済産業局、大阪府、池田市、茨木市、吹田市、摂津市、高槻市、豊中市、箕面市、島本町他、商工会議所、商工会の後援により、19回目のビジネスマッチングフェアが開催されました。当金庫が主催するビジネスマッチングフェアは、信用金庫が主催するビジネスマッチングとしては草分け的存在です。当金庫のビジネスマッチングは展示会として規模を求め多くの来場者を集めるのではなく、出展者・来場者ともに新たな取引先と具体的なビジネス交渉をし、最終的に取引ができることが特徴です。そのために、支店長をはじめ出展企業の内容を熟知している担当者を2日間配置し、活発なビジネス商談ができるようサポートしています。また、出展者に対しては当日に大阪大学と技術相談できるようにもしています。さらに、追手門学院大学はじめ、豊中・吹田商工会議所などによるセミナーも開催し、経営に役立てていただくよう工夫しています。今後も出展者・来場者にとって、販路拡大、技術向上、新規取引先開拓の絶好の機会となるべく、ビジネスマッチングの付加価値を高めていきます。

⑥「うまいもん市」

北大阪の隠れた逸品を世の中にアピールすることができないかと考え、デパート・スーパー等バイヤーにお越しいただき、食の祭典「うまいもん市」を開催することとなりました。当初は万博公園のホテルで和洋菓子や食材を中心に開催。その後、多くの方に来場していただくため、万博公園お祭り広場で開催。来場者は圧倒的に増加し、出展者の当日売上は増加したものの、〝今後のビジネスにつなげるための北大阪の隠れた逸品の創出〟という目的からかけ離れていることから、平成28年からは梅田のホールで食全般を対象に開催しました。その際、バイヤーの充実と、「うまいもん市」コンテストの実施により、出展者にとって売上拡大の絶好のチャンスとなるよう企画しました。結果、出展者とバイヤーとの間で多くの商談ができ、デパートでの催事取引などが実現しました。平成28年度からコンテストを開催し、優勝した「チーズケーキ」と29年度に優勝した「プリン」は引き合いが殺到したようです。私は両年とも審査員を務めさせていただきましたが、受賞したことをマスコミが取り上げると、本当に美味しいものは世の中に受け入れられます。ビジネスチャンスを掴むことの契機となったイベントを開催でき、嬉しく思います。なお、平成30年度は「うまいもん市」をもっと飛躍させるために、過去のノウハウを駆使して、デパート・スーパー等のバイヤーと当金庫の食に関する取引先との大商談会を充実させ、北大阪の隠れた逸品をメジャーにし、中堅中小企業の大いなる飛躍に貢献したいと考えています。

⑦当金庫が主催する事業

当金庫が主催する事業として、女性会員限定の食事と講演会「レディースカルチャー」、地域の少年少女を対象としたガンバ大阪コーチによる「サッカー教室」、豊中駅前ネーミングライツ「きたしん豊中広場」での「音楽コンサート」、テレビ大阪とタイアップし、不定期に開催している「名画試写会」があり、いずれも地域の活性化につながるよう文化、音楽、スポーツ面において貢献しています。また、当金庫がスポンサーとしての行事では、「万博たこやきマラソン」と「淀川国際ハーフマラソン」に協賛しています。また、各営業店において様々な地元行事が行われており、地元金融機関として、積極的にボランティア参加しています。一例ですが、高槻まつりでは揃いの浴衣を着て踊り連として参加、茨木フェスティバル・豊中まつりにおいてはダーツゲーム等の模擬店の出店、吹田まつりにおいてはパレードに参加。淀川区民まつりの「こいや踊り」では新入職員が南中ソーランを披露、淀川花火大会においてはスタッフとして参加。その他、各営業店が夏祭り、秋祭り、運動会などに、地域活動を盛り上げるために積極的に参加しています。

4　信用金庫と中堅・中小企業

(1) 帝国データーバンクによるメーンバンク調査

平成28年10月、大阪北地区に本社を置く企業のメーンバンク調査は、1位は2001社(構成比16・3%)で「北おおさか信用金庫」、2位は1991社(構成比16・2%)で「三井住友銀行」、3位は1854社(構成比15・1%)の「三菱東京UFJ」でした。平成29年10月、同調査によると、1位2094社(構成比16・7%)で「北おおさか信用金庫」、2位2012社(構成比16・0%)で「三井住友銀行」、3位は1874社(構成比14・9%)で「三菱東京UFJ」でした。当金庫は平成28年は前年比118社増加し、今年も103社増加となりました。地区別で調査開始以来、初めてメガバンク以外が首位となりました。合併後メーンバンク調査において増加している事実は、調査対象企業が増加したことにより当金庫が首位になったとも思われますが、当金庫が取り組んできた様々な施策を地域の方々に評価いただいたのではないかとも思われます。例えば、他行を含む貸出金をキャッシュフローに応じた一本化による財務サポート融資など信用金庫本来の業務である「貸出金支援」、大阪彩都総合研究所と連携して、取引先の課題解決のための「相談業務」、「ビジネスマッチング」などの販路拡大、「就活」、「婚活」。合併後も「地域の繁栄なくして金庫の繁栄なし」をモットーに愚直に顧客支援を標榜した結果ではないでしょうか。また、当金庫はメガバンクと比較にならないほど多くの渉外担当者を配置していることも評価につながったのではないでしょうか。今後も取引先のために何ができるかをしっかり考え実践し、まだ取引いただいていない事業所にもメーンバンクとしていただけるよう営業努力を惜しまず、メーンバンク調査で首位を維持できるように全職員で頑張っていきたいと思っています。

(2) 事業性評価

金融機関は、財務データや担保・保証に必要以上に依存することなく、借り手企業の事業の内容や成長可能性などを適切に評価し、融資や助言を行い、企業や産業の成長を支援するよう大きく変化しており、当金庫においても取組み方針を公表しています。

「北おおさか信用金庫の中小企業の経営支援に関する取組み方針」として、事業内容の把握に努めること、経営者が抱える課題の把握に努めること、課題の解決策を経営者とともに考えること、解決策を折り込んだ計画について策定協力していくこと、外部専門家（認定支援機関、大阪彩都総合研究所アドバイサーなど）や第三者機関（中小企業再生支援協議会、地域経済活性化支援機構など）を積極的に活用していくこと、としています。

「北おおさか信用金庫の担保・保証に過度に依存しない支援に対する取組み方針」として、不動産担保だけにとらわれない支援を行っていくこと、経営者ガイドラインに則った支援を行っていくこと、財務データだけにとらわれない支援を行っていくこと、事業性評価（事業の内容や成長可能性に関する分析・評価）に基づく支援を行っていくこと、ＡＢＬ（アセット・ベーシス・レンディング～売掛債権・商品在庫・機械設備などを担保とする融資）を積極的に実施していくこと、としています。

当金庫においては、「業務管理評価（業績表彰の一部門）」において、事業性評価融資の取組みを加点しています。「金融円滑化委員会」の協議により採択し、好事例は、支店長会などを通じて公表、共有化しています。

（3）当金庫事業性評価事例

①A社　惣菜の製造卸（一部小売）で、〝手作り感〟を強みとする一方、機械導入による効率化は遅れていました。代表者交代（父70代→息子40代）を機に、B支店は経営者と事業性についての対話を強化し、組織・業務の改善を進め、業績も向上。条件変更の正常化を、信用保証協会、日本政策金融公庫と連携し実現。経営者保証ガイドラインの趣旨に沿う形で、先代の連帯保証と自宅担保も解除。また、支店内顧客間のビジネスマッチングも実現した好事例です。

②C社　精肉店を営み、ミリ単位で調整できる独自のスライス機械が強み。D支店では、本部主催の「貿易相談会」を契機として、本部と協力のもとJETROの支援をとりつけ、海外出店資金を日本政策金融公庫との協調融資にて実行しました。海外展開支援ニーズが増加するなか、外部機関と上手く連携して成功した好事例です。

(4) 大阪彩都総合研究所

大阪彩都総合研究所は平成14年7月に設立しました。北おおさか信用金庫100%出資の子会社で、会員組織（会員数約4，000）のシンクタンクであり、各種機関、専門研究員による情報提供、法律・税務・人事・労務・企業診断・事業支援・M&Aなどについて、登録アドバイザー（専門家）による個別相談、フォーラム開催、マッチング事業など当金庫の別動隊としての役割を担っています。経営者大学、就活、婚活など様々な事務局を務めています。

5 地方創生への取組み

(1) 追手門学院大学と北おおさか信用金庫の連携協定

追手門学院大学と北おおさか信用金庫は平成28年3月30日、観光、産業振興、まちづくりなどの分野において、相互の知的、人的及び物的資源の相互活用を図り、相互に必要と認められる諸事業を行うことにより、地域社会の発展に資することを目的として包括連携協定を締結しました。地域を志向した教育・研究・社会貢献を目指している追手門学院大学と、地域経済の発展を経営理念としている北おおさか信用金庫が連携し、大学と信用金庫の連携による地域活性化への展開のため、様々な事業に積極的に取り組むこととなりました。

（2）北摂エリアマッププロジェクト

平成27年9月「まち・ひと・しごと創生総合戦略」を受けて、当金庫と産業振興連携協定を締結している、茨木市・豊中市・吹田市・摂津市の4市と当時、締結を予定していた高槻市、島本町（現在締結済み）の1市1町、近隣の池田市・箕面市の2市はオブザーバーとして、合計「7市1町」で「北摂広域市町村連携会議」（情報交換会）を開催しました。

当金庫の営業エリアである北大阪地区は「北摂」とも呼ばれており、この会議において「北摂ブランド」づくりをしたいという意見が出たことから、当金庫より観光振興等を主眼にマップづくりを提案しました。

当金庫は、前述の通り観光・産業振興・まちづくりなどの分野において地域社会の発展に資することを目的に追手門学院大学とも包括連携協定を締結しており、大学生（若年層）の感性をマップづくり（ブランドづくり）に取り入れたく、追手門学院大学の学生に参画を依頼しました。当初学生側からの提案はオーソドックスなマップでしたが、若者の感性による自由で斬新なマップをつくるように大幅な改善を求めました。

結果、学生側から北摂7市1町の魅力を全国にアピールするため、北摂エリアマップとして①ラジオ媒体、②ネット媒体、③紙媒体という3つの媒体を利用する提案があり、採用を決定しました。

①ラジオ媒体：各媒体に先行し、ラジオ番組に出演して各市町の魅力をアピール。平成28年11月12日茨木市の放送を皮切りに、吹田市・豊中市・高槻市・摂津市・箕面市・池田市・島本町の順番

に、ラジオ大阪の情報番組で、各市町村の魅力を放送しました。
②ネット媒体：北摂エリア紹介の動画をＹｏｕＴｕｂｅで公開。ホームページ制作、学生が得意とするＹｏｕＴｕｂｅの利用、インスタグラム、ツイッターなどのＳＮＳを活用した拡散。具体的閲覧回数を計測し、現在各市町村が作成しているＰＲビデオを大幅に上回る結果を出すことを目標としました。
③紙媒体：各市町の魅力スポットを掲載。ＱＲコードを利用してホームページにつなげる。紙媒体は、各市町、北おおさか信用金庫の各店舗に設置、配布を予定しています。平成29年11月24日には各市町ごとに出来上がったエリアマップについてのプレゼンを行い、各市町には各動画・紙媒体・画像を提供しました。
今後の取組みとして、各市町のホームページからのリンク誘導、紙媒体における窓口での配布等、いかにしてこの北摂ブランドの魅力を伝えていくかを検討していくこととしています。また予算組立も検討いただき、このプロジェクトを各市町、大学、金庫が一丸となり取り組んでいきたいと考えています。

当金庫と追手門学院大学との連携事業の第一歩が実現しようとしています。今後益々連携を深めて地域活性化に貢献できるよう努めていきます。具体的には追手門学院大学ビジネスコンテストへの関与と、当金庫キャンパスベンチャーグランプリとの連携などを検討しています。

今後とも当金庫との連携事業が、追手門学院大学のベンチャービジネス研究に貢献できれば幸いです。

注

[1] 全国信用金庫協会ホームページ　信用金庫とは　http://www.shinkin.org/

[2] 信金中金ホームページ信用金庫について　http://www.shinkin-central-bank.jp/

8章

これからの地域金融機関のビジネスモデルにおける事業性評価の取組とベンチャービジネス

追手門学院大学経営学部教授　水野 浩児

1　地域金融機関のビジネスモデルの変化

(1) 変貌する金融行政

平成29年7月金融庁の森信親長官は長官としては異例の3年目に突入し、金融抜本改革を本格的に実施し、金融機関にとってこれまでの金融機関の常識が通用しない状況が到来しているように思われます。森長官は平成27年に金融庁長官に就任後、これまで金融機関が行ってきた検査・監督のあり方を抜本的に改革し、地域金融機関等のビジネスモデルが将来にわたって持続可能であるかを中心に検査・監督を行う仕組みを導入しました。具体的には融資先（債務者企業）の将来性を評価する「事業性評価融資」の推進等に注力してきました。つまり、債務者企業の個別資産査定は金融機関の判断を極力尊重し、担保・保証に過度に依存しない融資推進を行う方針転換を明示しました。金融庁発足当初は不良債権処理問題を解消することが銀行の経営内容を改善することになると考えられていた時代で、金融庁が打ち出したルールを遵守しているかを重視する事後チェック型の方針で、厳格な個別資産査定中心の検査、法令遵守確認の徹底を基礎とした検査・監督手法を確立してきました。その後、人口減少・低金利環境、顧客ニーズの多様化と金融機関を取り巻く環境が急激に変化し、金融機関のビジネスモデルに変革が求められていることを受けて、金融庁は検査・監督手法の変革に取り組むこととなりました。つまり、過去の一時点の健全性の確認より、将来に向けたビジネスモデルの持続可能性の重要性を明確にし、将来の金融機関のビジネスモデルのあり方を金融行政方針において明確にしたのです[(1)]。

森長官は金融行政方針において、金融行政の究極的な目標は「企業・経済の成長と国民の厚生の増大」であることも明確にし、検査・監督のあり方を「形式・過去・部分」から「実質・未来・全体」に見直すという改革への取組に着手してきました。この取組は、不動産担保余力がなくバックアップできる資産は乏しいが、技術力などが高く将来の可能性が高い取組を行う中小企業にとっては朗報です。しかし、実務においてはその効果が堅調に出ているかは疑問であり、地域金融機関がその改革のスピードについてきていない印象を受けました。おそらく、森長官が推進しようとしている方針は、政策の幅が広く先進的であり、過去の考え方に慣れ過ぎている金融機関との間に解釈の食い違いが生じている可能性があるように思われます。実務担当者の実態について、私は地域金融機関で研修を行う機会が多々ありますが、「事業性評価融資」に関する認識の違いは金融機関格差が大きく、また金融機関内での階層格差も大きいように感じました。

そのようなギャップを埋めるためか、平成28年秋に「金融仲介機能のベンチマーク」や「日本型金融排除の実態把握」を盛り込んだ方針が打ち出されました[2]。金融庁が金融機関に公表を求めた指標となるベンチマークは、各金融機関が公表するべき「共通ベンチマーク」5項目と、金融機関が自行の経営判断から選んで公表する「選択ベンチマーク」50項目から構成されています。

このベンチマークの公表を通じて金融機関が融資先企業（債務者企業）に情報を開示し、企業が金融機関を選ぶ際の参考情報として活用することが想定されていました。「共通ベンチマーク」には①取引先企業の経営改善や成長力の強化、②取引先企業の抜本的事業再生等による生産性の向上、③担保・保証依存の融資姿勢からの転換の項目が取り入れられていました。

しかし、このベンチマークの取組公表においては、各金融機関が係数をホームページで掲示する程度に留まり、顧客企業が金融機関を選択する際の材料として活用するには至っていない印象を受けます。この公表方法についても「金融仲介機能の強化に向けた取組」等として取組状況を個別に公表している地域金融機関もあるのですが、ディスクロージャー誌の中の一部として公表する地域金融機関もあり、公表方法の統一がなされておらず顧客企業が判断するには難しい資料となっている印象を受ける状況です。しかし、森長官が就任して以降、不動産担保に頼る融資姿勢は明らかに消極的になっており、ベンチマークに則った取組を行う意識が時間の経過とともに強くなっていることを実感することが増えました。一方で、地域金融機関のベンチマークに対する取組について、一番必要とする債務者企業が正しく理解していないことが多いように思われます。この点は、創業間もない企業や零細企業にとって金融機関との接点が少ないことと、金融機関は「強すぎる、怖い」存在との意識が強いように思われます。ベンチマークの取組について本当に必要とする債務者企業が、2017年に経済産業省が打ち出したローカルベンチマーク(3)等を活用し、自己分析を行い地域金融機関に自らアプローチする必要性があるように思われます。

「日本型金融排除の実態把握」については、その表現が印象的で、金融行政方針において公表された際はインパクトが大きく、3万社アンケートの実施など、金融庁もこれまでにない取組を行っています。金融庁はこのアンケート調査結果を有益に活用し、地域における金融行政が円滑に動くことを期待しています。このように、金融庁が抜本的な取組を行うものの、スピード感についていけない地域金融機関が出ている中での森長官就任3年目の取組は、ベンチャー企業をはじめとする中小企業にとっては注目すべき取組になると考えられます。

(2) 地域金融機関の取組課題

森長官就任以降、金融庁はこれまでにない動きを見せ、金融行政方針を打ち出し、不動産担保や保証に過度に頼らない融資姿勢を明確にし、地域金融機関が債務者企業の将来性、すなわち事業性評価に着目した融資を行うことを明確にしました。また経済産業省と連携し、ローカルベンチマークによる対話ツールを活用した取組も行い、金融機関と中小企業経営者との具体的な対話ツール手法まで明確にしました。ところが、中小企業経営者へのヒアリングを行うと、期待された効果がないように感じている中小企業経営者が多い印象を受けます。不動産や保証に過度に頼るような融資推進は減少した印象を受けますが、事業の将来性を評価して融資を行う事業性評価融資が積極的に行われているかといえば、形式に留まっている印象を受ける経営者が多いのです。この点は、金融庁も認識しており、平成29年10月25日に金融庁より出されたアンケート調査結果[4]によると、主な内容は以下のような結果になっています。

①金融機関の融資審査基準について

メインバンクについて「担保・保証がないと貸してくれない」と感じている割合は4割であり、この割合は、債務者区分が下位になるほど、増加する傾向にある（要注意先以下では5割強、正常先上位では2割強）。

②資金繰り悪化時の支援状況について

過去1年以内に資金繰りに困ったことが「ある」と回答した企業の割合は2割強（要注意先以下では約半数）、そのうちメインバンクから特段支援を受けていない企業の割合は約3割（要注意先以下では約4割）。また、債務者区分が下位になるほど、メインバンクから新規融資を受けた割合が減少している（要注意先以下では29％）。

③金融機関と企業のコミュニケーション：「担当者や支店長等の訪問」について

債務者区分が下位になるほど、取引金融機関から「あまり訪問がない」、「全く訪問がない」割合が増加。

④金融機関と企業のコミュニケーション：「経営上の課題や悩みの把握」について

債務者区分が下位になるほど、金融機関が企業の経営上の課題を「教えてくれない」割合が増加。

この結果から、金融機関の評価が低い企業である債務者区分の低い企業の満足度が低いことが窺えます。金融機関にとって債務者企業の財務内容などが好転して債務者区分を引き上げることは、金融機関自身の決算において引当金の取崩し益を計上できる等メリットがあります。簡単に債務者区分を引き上げることは、会計的な観点から着目した場合、問題もありますが、債務者区分が低い企業への訪問頻度が低いことは、債務者企業への思い入れがないような印象を受け残念です。しかし、平成28年5月23日に金融庁が発表した「企業ヒアリング・アンケート調査の結果について～融資先企業の取引金融機関に対する評価～」[(5)]と比べると、金融機関の債務者区分が低い取引先企業に対する取組姿勢の改善は行われています。このように企業に対して金融庁が直接アンケートを実施するのは斬新な取組であり、相当エネルギーのいる仕事と思われます。また金融機関にとっても無言のプレッシャーがかかることは自然の流れとなり、金融機関の取組に緊張感が出た結果、改善した印象を受けます。

ここで問題は、地域金融機関の現実的な取組が、金融庁の掲げる理想的な展開になっていないことが明確になっていることです。私も個人的に企業訪問などを行い、金融機関の取組姿勢をヒアリングしていますが、このアンケート結果を受け、現場レベルで話題になっている印象はありません。

平成28年10月に発表した金融行政方針において、将来のビジネスモデルに不安がありそうな金融機関を明確にし、「ビジネスモデルの持続可能性に大きな課題が認められる金融機関に対しては、課題解決に向けた対応を促す」旨の発言があり注目を集めましたが、その取組が話題になることもなかったように思われます。債務者区分が低い企業などの将来性を評価し、その企業を成長させるようにコンサルティング機能を発揮させ、金融機関の有する資産を優良化する取組は、地域経済の発展のためにも絶対に必要と思われます。一方で、金融庁が掲げている理想的な取組は、金融機関の組織体制の強化も必要になります。私も事業性評価に関する研修を全国各地の地域金融機関で行いますが、理想的な取組を行うには金融機関職員のレベルアップが必要であることを痛感するとともに、時間がかかる取組であると感じることがあります。その背景には、金融機関職員も日々の業務に加えての追加の取組となり、優先順位が明確になされていないことが要因と思われます。

また金融庁も「金融検査マニュアル」の見直し作業などの工程が遅れており、金融庁自体も当初の計画通りのペースでは進めていない印象を受けます。このような時だからこそ、ベンチャー企業や中小企業の経営者は、自らの企業分析を的確に行い、取引金融機関に将来性を示す取組を行うべきです。将来性を評価して融資を行う姿勢に間違いなく向かっていますが、まだ金融機関が全てをカバーできない状態だと思われます。今こそ、ベンチャー企業はローカルベンチマークなどを活用して、取引金融機関に対して積極的な対話を行うことが必要です。

(3) これからの金融行政への期待

平成29年11月10日に平成29年金融行政方針(6)が公表され、地域金融機関に対しては厳しい経営環境にある状況において、持続できるようなビジネスモデルを構築するという点に焦点が当てられています。これからの地域金融機関への取組を、中小企業経営者やベンチャー企業経営者は先読みする力も必要です。債務者の立場になる中小企業経営者は、お金を貸してもらっている意識が強く、債権者である金融機関に対して、必要以上に恐れを持っているケースが多いように思われます。債権者である金融機関もビジネスモデルの構築に全力で取り組んでおり、債務者からの積極的なアプローチには柔軟に対応しなくてはならない時代が到来しています。森長官が3年目を迎え、金融機関にとって重要な平成29年度の金融行政方針には、地域金融機関の持続可能性について明記されています。その中で「持続可能なビジネスモデルの構築に向けた取組が進まない場合、足下ではバランスシートの健全性に問題がなくとも、将来的に顧客基盤や収益基盤が損なわれることで問題が生じ、その結果として、地域において十分な金融仲介機能を発揮できず、地域経済や利用者に多大な悪影響を与えることにもなりかねない。」と指摘しています。その背景には、銀行の顧客に対する価値の提供が低金利の提示のみとなり、多くの金融機関は金利競争にさらされていることがあります。その結果、低金利競争によって地方銀行は収益力が悪化し、29年度3月期決算は、過半数の銀行で、顧客向けサービス業務で、当期利益がマイナスとなっていると金融庁は分析しており、この点は的確な指摘だと思われます。

また「ビジネスモデルに単一のベスト・プラクティスがあるわけではないが、地域企業の価値向上や、円滑な新陳代謝を含む企業間の適切な競争環境の構築等に向け、地域金融機関が付加価値の高いサービスを提供することにより、安定した顧客基盤と収益を確保するという取組み（「共通価値の創造」）は、より一層重要性を増している。」としており、「地域企業の価値向上」や「企業間の適切な競争環境の構築」などによって、地域金融機関が付加価値の高い金融サービスを提供することで、持続可能なビジネスモデルにつながること示していると考えられます。この点は、中小企業経営者には正しく認識していただき、金融機関との交渉にも強い気持ちを持って対応してほしい内容だと思います。

金融庁のこれまでの取組について「金融庁は、こうした認識の下、これまで、『事業性評価』に基づく融資や本業支援の促進、『企業ヒアリング・アンケート調査』の実施（『日本型金融排除』の実態把握を含む）や、『金融仲介機能のベンチマーク』（平成28年9月策定・公表）等の客観的な指標を活用した自己評価や開示の促進などに取り組んできたところである。他方、顧客である地域企業をみると、厳しい経営環境に直面する中で、経営改善や事業再生、事業承継等が必要な企業が多数存在している。こうした地域企業の中には、どのような経営計画・戦略を描き、それをどのように実現し、その実現のためにはどのような人材を確保すればよいのか、また、適切なファイナンスとは何か、などが分からず、自身の価値向上が実現できていない先も多いと考えられる。また、企業アンケート調査の結果によれば、地域銀行は、総じて、こうした企業への金融仲介の取組みが不十分であるなど、『日本型金融排除』が生じている可能性が窺われた。」として、前述のアンケート調査結果に対しては着眼していることを強調しているように思われます。

現実的に中小企業の資金調達状況を分析すると、金融機関の多くは信用保証協会の保証付の制度資金によって融資していたため、中小企業から評価するとどの金融機関も与信判断に大きな差がない状況であったと思われます。取引金融機関の個性は与信判断や将来へのアドバイスではなく、金利競争でのアピールになっていることも理論上納得できます。金融行政方針のメッセージは、金利によるメリット提示でなく、取引企業の事業内容を的確に把握し、事業改善や事業承継の悩みを解決する地域金融機関の本質的な役割を遂行することによって、地域金融機関の持続を図るとともに、地域経済の発展にもつながるように、方針転換することを推奨しているのです。

広島銀行の現役部長から金融庁地域金融企画室長に転身された日下智晴氏は、「貸出先の事業再生は、自らのバランスシートの修復と同義であり、かつ、貸出先の事業への関与において、最も即効的な行動である。それもそのはず、地域金融機関を医療機関に例え、事業再生を必要とする貸出先を患者に例えるならば、当面の対処に必要な輸血や、あらゆる患者に効果のある〝債務免除〟という薬など、強力な治療手段を有しているからだ。企業にとっての医療機関は、金融機関のみならず様々な支援機関も存在するが、あらゆる治療手段を持ち得るのは金融機関だけなのだ。(7)」と表現されています。このことは、地域金融機関の取引先である地域の中小企業が収益を確保し、地域が発展し、発展する地域の中で金融機関も発展するという好循環を金融庁は目指しているということであり、平成29年度の金融行政方針とも一致する内容だと思われます。地域金融機関の取組に対して、金融庁は本気で地域企業の真の経営課題を的確に把握し、その解決に資する方策の策定と実行に必要なアドバイスや金融的な支援、必要な経営人材の育成・確保の支援を実施することを促しているのです。債権者の考え方を理解することは、債務者企業の強みにつながることを認識することが重要なのです。

2　地域金融機関の構造改革

(1)　地域金融機関の現状

超低金利時代が長引く中、地域金融機関の利鞘による収益確保は厳しい状況に陥っており、顧客向けビジネス（顧客向けサービス業務利益＝貸出残高×預貸金利回り差＋役務取引等利益－営業経費）においても将来的に収益確保を行うことに不安が大きい金融機関が数多くあるように思われます。そのような状況を回避するため、地域の企業を育てベンチャー企業を育てることとしか、地域金融機関の生きる道はないといっても過言ではないように思われます。本業での収益確保が難しい中、手数料ビジネスに着眼し、顧客が必要としないサービスを強引に押し付けるようなビジネスを行う金融機関がないともいえません。例えば、過度な投資信託の推進や、顧客が望まないコンサルティングを行い手数料を要求するケースなど、債権者としての優越的地位の乱用とも思われる本末転倒な動きをする金融機関もあるように思われます。この点は、金融庁も厳しく監視を行う姿勢を示していますが、その一方でビジネスモデルの持続可能性に問題のある金融機関には厳しく対応する旨通達しており、判断を誤る金融機関が出てしまう可能性もあるような気がします。

平成29年度の金融行政方針には、「将来にわたる地域金融の健全性と金融仲介機能の発揮」の項目で、「本業の赤字が続くなどビジネスモデルの持続可能性に問題のある金融機関が増加しているが、人口減少による資金ニーズの低下など、地域における経営環境の悪化は今後も続くと予想される。こうした環境の下で金利だけに頼る融資の拡大競争を継続するならば、将来的に淘汰される金融機関が出現したり、地域によっては金融サービスを提供する地元の金融機関がなくなる可能性も考慮する必要がある。」と記載されており、これまでにない強烈な表現で、地域企業に貢献しない金融機関に対して牽制しているように思われます。

さらに「持続可能なビジネスモデルが構築できていない金融機関に対しては、対話により自主的な経営改善を促しているが、金融機関において抜本的な改善策が講じられなければ、将来的に健全性が深刻な問題となる。地域の企業・経済に貢献していない金融機関の退出は市場メカニズムの発揮と考えられるが、他方、退出によって、金融システムへの信認が損なわれたり、顧客企業や預金者等に悪影響が及ぶことは避けなければならない。このため、金融機関の健全性に関する早期是正のメカニズム、金融機能の維持や退出に関する現行の制度・監督対応に改善の余地がないかについても検討する必要がある。」としており、金融庁は「できない金融機関」には退場を命じ、「できない金融機関」に地域を任すわけにはいかない旨メッセージを送ったように感じられます。現実的に少子高齢化社会の進展がはやく、過疎化が進む地域にとって頼みの綱は地域金融機関しかないように思われます。そう考えれば、地域金融機関は地域の弱体が自らの財務体質の弱体に直結していることを再認識して、収益確保の前に地元の活性化に真剣に取り組む必要があるように思います。

(2) 地域金融機関のコスト削減のジレンマ

平成29年9月期決算において3メガバンクを中心とする大手行が、大胆な人員・店舗や業務量の削減策を公表しました。大手行より厳しい収益環境に置かれている地域金融機関は、大手行のような大胆な合理化策を行うことは、地域発展の観点から難しいように思われます。それは、地域に必要な金融機関だからこそ、特定の地域に根付いた地域金融独自のビジネスモデルを維持しなくてはならないからです。金融庁が地域金融機関に求める持続可能なビジネスモデルを構築するためにも人員や店舗はなくてはならない資源だと思われ、地域金融機関はコスト削減とのジレンマに陥ることになります。一方で、地域金融機関は過去からのしがらみで店舗戦略を理想的に行っていないケースや、本来の地域金融機関のエリア外での店舗展開を行うなど、地域金融機関が店舗過剰となっているとする考え方もあります。

平成29年10月23日に公表された日本銀行の金融システムレポート(8)では、金融システムの潜在的な脆弱性として、金融機関の低収益性と競争激化の構造的背景とその影響について考察されています。その中で、地域金融機関の従業員数や店舗数は、需要対比で過剰（オーバーキャパシティ）になっている可能性が高く、このことが本邦金融機関間の競争の激化を通じて収益性を低下させる構造的要因になっていることを指摘しています。また、企業の廃業率が開業率を上回り、企業数が全国的に減少する中で、金融機関の各店舗が新たな取引機会を求めて法人営業を強化してきた結果、企業の取引金融機関数は増加しているとの分析結果が記載されています。また債務者企業が、取引金融機関数を増やすことによって、より有利な貸出条件を引き出すことができるようになったと考えられ、それが低金利の流れに拍車をかけ異常な金利水準での取引が行われていることが予想されます。

実際、異常なスプレッド（金利）水準で中小企業に融資推進している金融機関が多いことは私も実感しています。特に地域金融機関が地元で集めた資金を、都心部において低スプレッドで融資するケースが目立っており、この行為は地域金融機関の本質からずれているような印象を受けます。また、このような金融機関の異常とも思われる推進が続くと、企業経営者の感覚も麻痺し、企業が借入を行う際に、これまでの取引履歴や企業支援力にかかわらず、複数の取引金融機関の中から貸出金利の一番低い金融機関を選択することが常態化してしまう可能性があり、中長期的には地域金融機関の体力消耗につながり、自ら破滅していく可能性があるように思われます。この点はレポートでも指摘していますが、大局的に考察すると地域金融の存在意義を自らが誤った方向に導いているように感じます。

（3）地域企業と一蓮托生関係の地域金融機関

地域金融機関が自ら招いた過当競争などを背景に、コスト削減と地域密着による地域の活性化は相反関係の状況になっているように思われます。地域金融機関には地域の基幹店舗（大型店舗）に役員を配置する流れがありましたが廃止する動きもあり、また従来型の古バンク店舗にこだわらず小型店舗化する動きも出てきています。メガバンクのように大胆な人員や店舗の合理化はできませんが、できる範囲で店舗や人員を合理化する動きが出ているようです。

究極のコスト削減は、地域金融機関が債務者企業に対して積極的なコンサルティングを行い、いい意味で企業調査が削減できる体制にすることです。いつまでも債務者企業と対峙する関係にあると、無駄な労力が必要なだけでなく、企業からの情報も的確に把握することができず、的確な資金供給につながらないような気がします。「融資してやる」関係から一緒に地域を盛り上げる関係になることが、地域金融にとっては自らのバランスシートの改善にも、効率化にもつながるような気がします。債務者企業と地域金融機関は一蓮托生の関係にあることを認識できる日がくることを願います。

これからの地域金融機関は増収増益計画である必要性はないように思います。上場している金融機関でしたら株価の動きが気になることは当然ですし、収益と株価の相関関係は当然あります。しかしこの低金利時代において増収増益計画を行うことは、どこかで無理が出るような気がします。平成29年6月に今後3年間の中期経営計画を上場地方銀行のうち21行が発表しましたが[9]、マイナス金利政策の影響や収益環境の厳しさを盛り込んだ現実的な内容とする金融機関が目立ちました。今後も続くと予想される金融市場の不透明感や資金利益の減少、役務取引収益の減少など、地域金融機関を取り巻く厳しさが反映された内容と思われます。ちなみに21行の中で、2017年3月期と比較して減益計画としたのが、北日本銀行、フィデアホールディングス、大東銀行、栃木銀行、富山第一銀行、中国銀行、琉球銀行の7行でした。ほぼ横ばいの計画が、北洋銀行、十六銀行、みなと銀行、広島銀行、百十四銀行、西日本フィナンシャルホールディングスの6行となり、増益を見込むのが千葉銀行、静岡銀行、京都銀行、南都銀行の4行でした。このように列挙して考察すると、近くに都市圏のある都市型地域金融機関では増益計画となり、都市圏から離れた地域金融機関での収益計画は厳しい状況になっていることが窺えます。その影響もあってか、都市圏から離れた地域金融機関の事業性評価への取組がよく雑誌等で取り上げられます。例えば、青森銀行が事業性評価のもと、国内最大級のサーモン養殖施設に新規融資を行った記事が掲載されました[10]。青森銀行が日本政策金融公庫と協調し、数億円の設備投資を行ったもので、サーモンの養殖に雪解けのミネラル豊富な水が効果的なことを弘前大学と共同研究を行うなど、事業性評価を的確に行い大型設備投資の融資を実施した事案が紹介されています。

この状況を鑑みれば、都市圏から離れた地域で活躍するベンチャー企業には資金調達面でチャンスと考えることもできます。一方で、都市圏にある地域金融機関においても、事業性評価に基づく融資実施状況については、公表することを義務付けられていることや、金融機関においてノウハウが構築されつつあるため、経営者自身が積極的に金融機関にアプローチを行うとヒントを見つけることができる可能性があるように思います。少子高齢化が進み人口減少が確実な状況において、地域企業と地域金融機関が一蓮托生の関係になることは自然の流れなのです。

3 金融仲介機能のベンチマークの活用と事業性評価

(1) 金融仲介機能のベンチマークの本格稼働

金融仲介機能のベンチマークは前述の通り、金融機関の取組を顧客が評価し、顧客が取引金融機関を選択することが理想とされていると考えられます。それぞれの項目を決定し、その取組状況を係数で示せるように集計するだけでも地域金融機関にとっては、膨大な業務量であることが予想されます。しかし、何事もそうですが、目標が大きいほど地道な取組の積み上げが重要だと思います。金融機関向けの雑誌である金融財政事情には、導入から2回目となる開示を迎え、金融機関の関心は薄れつつありますが、取組に注力している地域金融機関では、指標の選定やその実践内容、開示の仕方には工夫がある旨紹介しています。広島銀行の取組が紹介されており[11]、事業性評価融資の取組について、事業性評価の取組は地域金融機関の本業であり、ベンチマークによりそのスタンスが変わるものではないとしています。そのうえで、広島銀行の取組を顧客に理解してもらうことを意識しているとしています。そして一般・個人投資家向け会社説明会や、各地で開催するお客様との集いなどで事業性評価の取組を説明しているとのことです。ベンチマークの数値だけでなく、具体的な内容を顧客に理解してもらうことに着眼する取組は、地域金融機関のあるべき姿なのです。

広島銀行の事業性評価への取組は、他の地域金融機関に先立って行われていましたが、このように日本中の地域金融機関が事業性評価をベンチマークとして取り組んでいることは、大きな進歩と考えることもできます。数値だけの公表に留まっているとの指摘などもありますが、数値だけでも意識していることは、理想に向かって少しずつ進んでいるとも考えることができ、金融仲介機能のベンチマークがこれから本格的に動くことが期待できます。

(2) ベンチャー企業経営者のベンチマークの活用

ベンチャー企業経営者はビジネスの将来性には自信を持っていますが資金調達において大きな壁が常にあり、金融機関からの資金調達を諦めるケースが多いように思われます。しかし、金融仲介機能のベンチマークにより、中小企業のニーズや課題解決に応えてくれる金融機関を主体的に選択する時代に突入しようとしていることは間違いありません。地域金融機関の中には、ベンチマークの報告や開示について本質的な意義を理解していないケースもあるように思われますが、ベンチマーク導入の狙いは、中小企業が金融機関を主体的に選択することであることは、金融庁も明確に示しています。前述のように、金融機関も変化しつつありますし、長期的な観点で評価すると、地域金融機関のベンチャー企業への取組は明らかに増加していると思います。

ここで重要なことは、いくらベンチマークが導入されても、自社の魅力を金融機関に伝えることができなければ金融機関は対応できないことを認識することです。金融機関は中小企業への円滑な資金供給を担う一方で、顧客から集めた大切な預金を保護する重大な役割もあり、よくわからない企業に融資をすることはできないのです。金融機関との信頼関係を構築する努力は絶対必要であり、その対話ツールとしてローカルベンチマークを活用する具体的な手法も構築されました。考え方によっては、ベンチャー企業経営者が金融機関と信頼関係を構築するツールが整ったとも考えられます。そのために、本章で記載した金融機関の事情や取組姿勢を知ることは、有意義なことなのです。

(3) 事業性評価としてのＡＢＬの活用

不動産担保融資は、本業と関係のない不動産を担保することですので金融機関が融資をする際に、企業の将来性の評価とは別の評価を行うことになります。また経営者保証に関するガイドライン[12]において、不動産や保証に過度に頼る融資は行わないように明記されており、金融機関はガイドラインを遵守する動きとなっています。ＡＢＬ（Asset Based Lending：動産・売掛金担保融資）は企業が保有する原材料や商品などの動産や、売掛金を担保にするものですが、事業に係る資産そのものを担保にするため、金融機関は自動的に事業性評価ができることになります。ＡＢＬの機能については、別稿[13]においても論じていますが、取引先企業の事業そのものを把握できることに最大の効用があり、ABLを行った金融機関は債務者企業の情報を確実に入手できることになります。また、中小企業経営者と金融機関の担当者の間において信頼関係も構築でき、精度の高い事業性評価につながると思われます。

ABLは日本語で表現すると、動産・売掛金担保融資となり「担保」という言葉が出ますが、不動産担保の「担保」とはまったく考え方が違います。不動産担保は事業とは直接関係のない不動産の処分価値のみを把握すればいいのですが、ABLは、取引先企業の事業を理解していないと評価することができません。当然のことながら、ABLを行う際は金融機関職員と中小企業経営者はヒアリングを重ね、対話を行い、コミュニケーション抜きでは実現できません。逆にいえば、ABLを行うことは金融庁が求めている、事業性評価を行っていることになるわけです。

このABLを事業性評価として活用している地域金融機関は増加しています。例えば福島銀行では平成29年3月期にABL融資とローカルベンチマーク対象先への融資の合計件数を48件80億円(前年11件20億円)行った旨公表しています[14]。また北海道銀行では、ABLの活用実績として、機械器具、車両のほか、牛、ワイン、イチゴなどに対して取組実績がある旨公表しています[15]。

このように最近では、金融仲介機能のベンチマークの取組状況の公表の必要性もありますが、金融機関は本気で不動産担保の融資姿勢から脱却し、事業性評価による融資姿勢に重点を置いていることは確実です。「経営者保証に関するガイドライン」の中で、不動産担保や保証の代替メニューとしてＡＢＬが明記されています。ＡＢＬは聴き慣れない言葉で、難しい印象を受けますが、その機能は事業性評価そのものであり、債務者企業と債権者である金融機関が事業評価ツールとして積極活用すると、信頼関係の構築や将来性の評価を行ううえでも有益と考えられます。地域金融機関の生き残りと地元企業の成長は一蓮托生の関係にあることは間違いありません。ベンチャー企業経営者は事業の将来性を的確に表現できる工夫を行い、取引金融機関との対話を深め、円滑な資金調達環境を構築し、地域金融とともに地域活性化していただくことを願って結びとします。

参考文献

(1) 金融庁『平成28事務年度金融行政方針』（平成28年10月21日金融庁ホームページ）4頁 http://www.fsa.go.jp/news/28/20161021-3/02.pdf
(2) 金融庁『金融仲介機能のベンチマーク～自己点検・評価、開示、対話のツールとして～』（平成28年9月15日金融庁ホームページ） http://www.fsa.go.jp/news/28/sonota/20160915-3.html
(3) 経済産業省『会社が病気になる前に。企業の健康診断ツール ローカルベンチマーク』（平成29年3月28日経済産業省ホームページ） http://www.meti.go.jp/policy/economy/keiei_innovation/sangyokinyu/locaben/
(4) 金融庁『企業アンケート調査の結果』（平成29年10月25日金融庁ホームページ） http://www.fsa.go.jp/singi/kinyuchukai/questionnaire/20171025/01.pdf
(5) 金融庁『企業ヒアリング・アンケート調査の結果について～融資先企業の取引金融機関に対する評価～』（平成28年5月23日金融庁ホームページ） http://www.fsa.go.jp/singi/kinyuchukai/siryou/20160523/01.pdf
(6) 金融庁『平成29事務年度金融行政方針』（平成29年11月10日金融庁ホームページ） http://www.fsa.go.jp/news/29/2017StrategicDirection.pdf
(7) 日下智晴「今、地域金融機関を考える」平成28年7月5日（事業再生と債権管理１５３号「特集 地方創生と金融機関」）7頁
(8) 日本銀行『金融システムレポート（２０１７年10月号）』平成29年10月23日 https://www.boj.or.jp/research/brp/fsr/fsr171023.htm/

(9) 「ニューススクエア」週刊金融財政事情　第66巻22号8頁（平成29年6月12日　金融財政研究会）
(10) 「事業性評価のもと、国内最大級のサーモン養殖施設に新規融資」週刊金融財政事情　第66巻22号49頁（平成29年6月12日　金融財政研究会）
(11) 「いざ本番！金融仲介機能のベンチマーク」週刊金融財政事情第68巻37号12頁（平成29年10月2日　金融財政研究会）
(12) 経営者保証に関するガイドライン研究会『経営者保証に関するガイドライン』（平成25年12月）
(13) 水野浩児「ＡＢＬが金融実務に及ぼす影響と債権譲渡の実相」（追手門経済・経営研究23号２０１６年）17頁
(14) 福島銀行『金融仲介機能の発揮に向けた取組「金融仲介機能のベンチマーク」』平成29年5月　福島銀行ホームページ　http://www.fukushimabank.co.jp/oshirase/img/20170401_benchi.pdf
(15) ほくほくフィナンシャルグループ「金融仲介機能の取組みの開示について」平成29年3月9日ほくほくフィナンシャルグループホームページ　http://www.hokuhoku-fg.co.jp/news/docs/20170309.pdf

執筆者一覧

池田《いけだ》　信寛《のぶひろ》　追手門学院大学経営学部教授　修士（商学）
杤尾《とちお》　安伸《やすのぶ》　追手門学院大学経営学部准教授　博士（経営学）
稲葉《いなば》　哲《さとし》　追手門学院大学地域創造学部講師　博士（経済学）
葉山《はやま》　幹恭《みきやす》　追手門学院大学地域創造学部講師　博士（経営学）
山下《やました》　克之《かつゆき》　追手門学院大学経営学部教授　博士（経済学）
井上《いのうえ》　秀一《しゅういち》　追手門学院大学経営学部講師　博士（経済学）
小牧《こまき》　義昭《よしあき》　北おおさか信用金庫常務理事
　　　　　　　地方創生推進委員会　委員長
水野《みずの》　浩児《こうじ》　追手門学院大学経営学部教授　修士（法学）

（執筆順）

追手門学院大学ベンチャービジネス研究所

2006年開設。わが国や海外におけるベンチャービジネスの理論や実態、並びに、イノベーションを志す中堅中小企業の事業承継の調査研究を行い、Newsletterや『追手門学院大学 ベンチャービジネス・レビュー』の発行、経営セミナーの開催など地域社会に貢献する諸活動を行っている。

編著書　「事業承継入門1・2」編 2014年2月
「事業承継入門3」編 2015年2月
「事業承継入門4」編 2016年3月
「ベンチャービジネス研究1」編 2016年3月
「人としくみの農業」編 2016年3月
「ベンチャービジネス研究2」編 2017年3月

ベンチャービジネス研究3
ベンチャービジネスを取り巻く環境把握
—価値創造・政策支援・事業計画・地域金融—

2018年3月31日初版発行

編　者　追手門学院大学
ベンチャービジネス研究所

発行所　追手門学院大学出版会
〒567-8502
大阪府茨木市西安威2-1-15
電話（072）641-7749
http://www.otemon.ac.jp/

発売所　丸善出版株式会社
〒101-0051
東京都千代田区神田神保町2-17
電話（03）3512-3256
http://pub.maruzen.co.jp/

編集・製作協力　丸善雄松堂株式会社

組版／株式会社明昌堂
印刷・製本／大日本印刷株式会社
ISBN978-4-907574-18-5 C1034